연극

그리고

장애

theatre **&** Disability

연극
그리고

장
애

페트라 쿠퍼스 Petra Kuppers 지음
황승현 옮김

교유서가

일러두기

* 모든 각주는 옮긴이 주입니다.

한국현대영미드라마학회 서문

아리스토텔레스는 『시학』에서 연극을 '인간 행동에 대한 모방'이라고 정의한다. 인간의 행동이 원본이라면, 연극은 그에 대한 복제/복사/사본이라 하겠다. 복제, 복사, 사본이라는 단어의 어감이 다소 부정적인 느낌을 준다면, 좀더 객관적인 표현으로 '반영'이라는 단어를 떠올릴 수 있다. 정리하자면 연극은 '인간 행동의 반영'인 셈이다. 아울러 '인간 행동'이라 함은 또 많은 것들을 담아내는 그릇이다. 여기에는 개인적인 습관과 버릇, 가족을 포함하는 집단의 정서와 공감, 대의를 위해 자신을 희생한 영웅의 결단과 무용담, 삶을 고통으로 이끈 전쟁과 기아, 인류사의 흐름을 바꾸어놓은 위

대한 발견과 발명들이 담겨 있다. 인간 행동을 구성하는 소중한 꼭지에서 빠질 수 없는 것이 또 있다. 오랜 시간 동안 인간과 함께해온 자연, 반려동물, 물건들, 기억과 추억…….
인간과 관계를 맺은 모든 것을 인간 행동은 소중하게 담아낸다. 요약하면 연극은 인간 및 인간과 관계를 맺어온 모든 것의 역사적 총체이며, 이런 의미에서 연극은 '인간 자체'에 대한 '역사적 축도'라고 할 수 있다.

〈연극 그리고Theatre &〉 시리즈는 상기한 '인간사의 축도'로서 연극에 대한 다양한 사유와 담론을 학술적으로, 그러나 친근한 어투로 풀어낸다. 시리즈의 필진이 세계의 저명한 연극학자들로 구성되어 있다는 사실은 저자들의 명성에 걸맞은 본 시리즈의 학술적 가치와 무게감을 방증한다. 무엇보다도 상기 저자들이 현재도 왕성하게 활동하고 있는 '동시대 인간'이라는 점에서 이 시리즈가 담아내는 연극적 사유와 담론은 그만큼 생동감 있는 현장의 목소리를 독자에게 전달할 것이라 믿어 의심치 않는다. 이러한 생생한 동시대의 연극적 사유와 담론을 한국현대영미드라마학회 학자들이 한국어로 번역하여 국내 연극학도와 일반 대중 앞에 내놓고자 한다.

〈연극 그리고〉 시리즈의 한국어판은 연극 및 드라마 학자를 대상으로 하는 전공서로서뿐만 아니라 일반 독자가 친근하고 흥미롭게 접할 수 있는 인문 교양서로도 손색이 없을 것이다. 아울러 본 시리즈의 한국어판이 국내의 연극 및 드라마 전공자는 물론, 연극을 기획하는 업계 종사자 및 연극에 관심이 있는 일반인의 지적 호기심을 충족시키기에 부족함이 없기를 바라마지 않는다. 바쁜 일정에도 선뜻 한국어 번역 작업에 동참해주신 학회의 선생님들과 어려운 시기에 출판을 맡아주신 교유서가에 심심한 감사의 마음을 전한다.

2025년 1월

한국현대영미드라마학회 회장 박정만

Theatre and 시리즈 편집자 서문

연극은 상업 극장 지구부터 변방[*] 지역, 정부 행사에서부터 법정의 의례, 스포츠 경기장의 스펙터클에서 전쟁터에 이르기까지 어디에나 존재한다. 이런 다양한 형태들을 가로지르는 연극적 연속체를 통해, 문화는 스스로를 증명하고 자문한다.

연극은 수천 년 동안 존재해왔으며, 연극을 연구하는 방식도 크게 변화했다. 이제 우리의 관심사를 서양의 극문학 정

---

[*] 중대형 극장들이 집중된 곳과 먼 곳에 있는 극장을 가리킨다. 영국 런던에서 도심 서쪽의 웨스트엔드(West End)는 상업 극장 지구라고 불리고, 변방(fringe, 최근에는 '프린지'라고 영어 그대로 쓰이는 경우가 종종 있음)은 런던 시내 중심이 아닌 지역에 있는 작은 극장들을 가리킨다.

연극 그리고 장애

전으로 한정하는 것만으로는 충분치 않다. 연극은 퍼포먼스라는 넓은 스펙트럼 속에 한자리를 차지했고, 인간 문화의 수많은 영역에 스며든, 더욱 포괄적인 제의(祭義)와 반란의 힘들과 연결되었다. 결과적으로 연극은 여러 학문 분과들을 서로 연결하는 데 도움을 주었다. 지난 50년 동안 연극과 퍼포먼스는 젠더, 경제, 전쟁, 언어, 미술, 문화, 자아감을 재고하는 중요한 은유와 실천으로 활용되었다.

〈연극 그리고〉는 연극과 퍼포먼스의 끊임없는 학제 간 에너지를 포착하려는, 짧은 길이의 책들로 이뤄진 긴 시리즈다. 각 책은 연극이 세상을 어떻게 조명하는지, 세상이 연극을 어떻게 조명하는지 질문하며, 연극과 더 넓은 세상이 보여주는 특정 측면 사이의 연관성을 탐구한다. 각 책은 연극학 분야에서 가장 앞선 비평적 사고를 대표하는 저명한 연극학자들이 한 권씩 맡아 집필했다.

하지만 우리는 동시대의 많은 학술적 글쓰기의 철학적·이론적 복잡성이 더 많은 독자층에게 장벽으로 작용할 수 있다는 점을 염두에 두었다. 이 시리즈의 핵심 목표는 각 주제에 대해 호기심을 가진 사람이라면 누구나 단번에 읽을 수 있도록 한다는 것이다. 이 책들은 도전적이고, 도발적이며, 때로

선견지명을 드러내며, 무엇보다도 명료하다. 독자들이 이 책
들을 즐겁게 읽었으면 한다.

젠 하비(Jen Harvie)와 댄 레벨라토(Dan Rebellato)

극장에 가기

나는 극장 로비에서 내 휠체어 프레야에게 작별 인사를 한다. 여기서부터는 지팡이를 짚고 다리를 절며, 푹신하고 울퉁불퉁한 바닥을 지나 내 좌석으로 간다. 극장에 휠체어 좌석이 있지만, 평소와 마찬가지로 이번에도 좌석을 구하지 못했다. 한참 전에 예매하지 않는 한, 몇 안 되는 소중한 휠체어 좌석은 빨리 매진된다. 다행히 나는 보행 보조기(walking chair) 사용자라서 일반 좌석으로 쉽게 옮겨 앉을 수 있었고, 큰 전동 휠체어는 소방 접근 경로에 방해가 되지 않도록 둘 수 있었다.

웨스트엔드의 오래된 극장이나 바다 건너 뉴욕 브로드웨

이에 있는 비슷한 극장에 가려면, 휠체어를 어디에 둬야 할지 안내원과 협의해야 하는 등 종종 설명과 신뢰의 게임이 수반된다. 내가 극을 관람하는 게 눈에 띄지 않을 때가 없다. 투명 망토를 내가 둘러매서 눈에 안 보이는 것도 아닌데, 어떤 사람들은 내 앞에서 관리자를 불러 복도에 휠체어만 따로 놔두는 게 합법적인지 확인하거나 하는 소란이 늘 발생한다.

　내가 극장에서 경험하는 상황은 이렇다. 건물과 계단 수, 측면 복도의 너비, 푹신한 카펫 바닥의 경사, 지팡이를 어디에 놓을지, 극장 직원과 대화하기, 다른 관객이 좌석 열을 따라 자리를 찾아갈 때 내 힘없는 무릎을 어떻게 움직여 길을 터줄지. 극장은 하나의 장치이자 기계이며, 대체로 나와 같은 사례들이 커튼 뒤 가려진 지원 메커니즘을 노출한다. 당신의 덩치가 크다면, 당신은 아마 극장 좌석을 디자인한 사람들의 상대적 엉덩이 크기와 다리 길이에 대해 생각할 것이다. 그리고 현대 영화관에 있는 널찍한 의자보다 못하다고 불편해 하며 비교할 수도 있다. 만약 보청기를 착용한 채 음성 해설을 들으려고 애쓰고 있다면, 당신이 접하는 청각적 관극 경험이 극장이 제공하는 시각적 엔터테인먼트 표준에서 얼마나 동떨어져 있는지 절실히 느낄 것이다. 또는 경제적 상황을 생각하며, 눈을 감고 당신과 가족이 이 좌석에 앉기 위해 지출한 비용을 생각할 수도 있다. 어쩌면 주변을 둘러보며 인종과 극장에 대해 생각해볼 수도 있다. 당신이 누구와 함께 앉아 있는지, 극장에 누가 있는지? 런던의 모든 주민이 비례적인 구성으로 여기 있는가, 아니면 일부 소수만 있는가?

아직 막이 오르지도 않았지만, 우리는 이런 질문을 던지며 지금 바로 공공 극장 안에 있다. 연극의 역사를 이해하는 여러 가지 방법이 있지만, 그중 하나는 시민들이 다른 시민들과 나란히 앉아 공동체적 해방 의식을 통해 함께 감정을 경험했던 그리스 원형 극장으로 거슬러 올라가는 것이다. 나는 여성 공연 이론가로서, 배제의 경험을 벗어나 동시대 서양 연극의 기원을 읽거나 들을 수 없었다. 여성과 노예는 도시 국가의 일원이 아니었고 관객의 일부도 아니었다. 그래서 여기에 누가 있고 누가 없는지를 명확히 하는 것이 내가 극장이라는 시설을 생각할 때 중요한 점이다.

이러한 역사적 이야기를 전복하는 것은 공연 연구(performance studies)의 일부이다. 우리는 여성과 노예가 엔터테인먼트를 위해 무엇을 했는지, 공연에서 자신을 어떻게 표현했는지, 그들이 자신의 상대적인 정치적 위치에서 스스로를 어떻게 이해하고 격려했는지, 그리고 공연이 공간과 다른 사람 사이의 일상적 협상에 어떻게 영향을 미쳤는지 알아내거나, 아니면 (역사적 자료가 없는 상황에서 우리 분야의 오랜 아카이브 작업 방식에 따라) 상상해보고자 한다. 현대 연극과 공연 연구에서 연극은 종종 극장의 물리적 시설의 중앙 공간뿐 아니라 공간 주변 부분, 혹은 '오프 스페이스off-spaces'도 포함한다.

지금 나는 이곳에서 다른 장애 관객을 찾아 객석을 훑어본다. 혹시 '다르게' 보이는 자폐 스펙트럼을 가진 사람은 없을까? 나는 (구식 명칭으로) 아스퍼거증후군(Asperger's syndrome) 상태라 여겨지는 한 청년을 주인공으로 제시하고 큰 상을 받은 연극 〈한밤중에 개에게 일어난 의문의 사건 The Curious Incident of the Dog in the Night-Time〉(사이먼 스티븐스Simon Stephens 작, 2012)을 보러 왔다. 내 좌석 열 주변에 자기 자극 행동(stimming behavior) 같은 자폐적 증상을 보이는 사람이 있나? 공공장소에서 적절하게 있기 위해 손을 흔들거나 신체 방향과 집중력을 유지하려고 자기 신체의 경계를 스스로 자극하는 다른 행동을 하는 사람이 있나? 자신을 자폐인이라고 밝힌 모든 사람이 이러한 신체 행동을 하는 것은 아니다.

일부는 행동 치료를 통해 이런 신체적 틱을 교정하고 특정 자폐적 표현을 관리함으로써, 극장 내에서 사회적으로 용인될 수 있는 행동 방식을 보이게 된다. 오늘, 이 특정한 날, 특정 공연장 안, 내 주변에서 자폐적 행위를 볼 수는 없었지만, 나는 나를 자리에 안내한 안내원과 이런 인터뷰를 했다. 안내원에 따르면, 이 공연에는 때때로 '릴랙스드relaxed' 공연이 있다. 관객들이 혼란스러워하지 않도록 공연장의 조명을 (낮게) 켜둔다고 한다. 일부 무대 음향은 소거되어 있다. 관객들 사이의 활동적인 행동은 용인되며, (비릴랙스드 공연 날처럼) 퇴장당하지 않는다. 말하기, 몸짓, 심지어 관객석을 걸어 다니며 에너지를 발산하는 것까지 용인된다. 또한, 이 공연일에 신청한 사람들은 사전 공연 안내를 받아 극의 구조를 파악하고 무슨 상황이 진행되는지 이해할 수 있으므로, 변화하는 상황에 대한 불안감을 관리할 수 있다는 것이다.

안내원은 이 공연이 얼마나 활기차고 재미있는지, 그리고 자신이 이번 낮 공연에서 일하는 것을 얼마나 즐기는지 이야기했다. 정말 비/평범한(un/usual) 연극이라고 말이다.

드디어 막이 오를 시간이다. 쇼 타임이다. 곧 장애를 재현한 작품이 극장 무대에 등장할 것이다.

이 짧은 극장에 가기 일화에서 장애와 연극에 대한 핵심 요소 몇 가지를 소개했다. 장애인이며 공연 이론가이자 실무자인 나에게는 접근성, 관객 개발, 사회적 내재(social embedment)가 연극의 가장 핵심적인 이슈로 보이지만, '연극과 장애'라는 주제는 오랫동안 매우 다양한 반응을 불러일으켰다. 많은 역사가와 이론가 들에게 무대 위 '장애'라는 개념은 특정 종류의 신체화, 연상화(emmindment, 나는 이 신조어를 문화가 '마음'을 개념화하는 과정과 협의하는 방식을 지칭하는 데 사용한다)와 관련이 있다. 〈오이디푸스〉에서 눈멂은 (주인공뿐만 아니라, 트랜스젠더인 시각 장애 예언자 테이레시아스에게도) 어떤 의미인가? 〈리어 왕〉에서 광기는 어떻게 나타나는가? 대체로 실제 시각 장애인이나 광인, (리처드 3세의 경우) 신체적 장애인이 무대에 등장하지 않더라도, '장애'는 오랫동안 연극 스토리텔링의 중요한 의미 저장소가 되어왔다.

오랜 기간 동안 연극 연구의 역사도 실제 연기하는 신체에 관한 관심은 불필요하다고 인식했다. 드라마 연구(drama studies)는 텍스트에 집중적으로 접근하여, 실제 연기자가 없는 상황에서도 어떻게든 곱사등과 보이지 않는 눈, 광기 매너리즘을 스스로 만들어낸다. 하지만 살아 있는 범주로서의 장애는 장애 신체가 사회적 공간에 적합한지 아닌지를 논하는 현실로부터 동떨어지기 어렵다. 우리 장애인들은 극장에 어떻게 들어갈지, 어떻게 좌석에 앉을지, 어떻게 무대 스펙터클을 접할지를 생각해야 한다. 이는 장애인 관객에게 가장 중요한 문제다. 장애인 공연자에게는 다음과 같은 몇 가지 핵심적 질문을 할 수 있다. 무대에 어떻게 올라가는가? 분장실에 접근할 수 있나? 대본에 맡을 만한 역할이 있을까? 연장자나 외부인 역할에서 벗어나 자신의 특별한 재능을 활용할 캐스팅 연출자가 있나?

때로는 의사소통 방식이 비장애 예술 형식의 경계를 모호하게 만들고, '연극'은 장애인의 손에서 다른 무언가가 된다 (예를 들어, 바우만Bauman, 로즈Rose, 넬슨Nelson이 2006년 발표한 청각 장애 문화 작품과 연극 방식에 관한 연구 참조).

이 입문서에서 나는 장애와 연극 분야의 몇몇 작가들을 따라가며, 그들이 장애에 대해 생각하며 개념화한 특정 사조를 소개한다.

- 경험으로서의 장애—어떻게 하면 몸이나 마음에서 다르게 느껴질지에 초점을 두면서, 장애인의 경험을 중점적으로 다룰 방

법은 무엇일까?

- 공공장소에서의 장애—장애라는 차이가 사회적 공간으로 들어와 소수자 지위(minoritarian status)라는 사실을 가시화할 때 어떤 일이 벌어질까? 우리가 자신을 말하는 이야기이자 예술 행위로 구상한 방식에서, 장애라는 특이성은 어떻게 다뤄질까?

- 내러티브로서의 장애—이야기, 무대, 연극 역사에서 장애는 어떻게 의미화할까?

- 스펙터클로서의 장애—장애인과 비장애인은 장애의 특수한 지위(status)를 어떻게 강력한 도구로 이용할까?

언어에 대한 노트: 장애 모델

나는 이미 장애인(disabled people), 장애가 있는 사람(people with disabilities), 크립 혹은 불구(crips), 자폐증(autistics), 감각적 접근(sensory access), 소수자 지위 등 일부 독자에게는 생소할 수 있는 여러 용어를 사용했다. 이러한 언어 선택은 접근성과 관련한 현대의 활동주의에 기반을 둔 장애에 대한 관점을 반영한다. '장애인'이라는 용어는 장애를 사회적 억압으로 보는 정치적 이해, 즉 사회적 모델에서 비롯되었다. 장애에 대한 사회적 모델은 장애를 개인과 가족이 부담해야 하는 의학적·개인적 불행이 아닌 다른 것으로 고려한다는 영향력 있는 사고방식이다. 이 사회적 모델은 영국 행동주의에서 비롯되었다. 이 모델의 지지자인 빅 핀켈스타인(Vic Finkelstein)은 남아프리카 공화국에서 인종 차별에 대한 교차 분석과 '덜 가치 있는' 것으로 치부되는 장애 신체에 대한 교차 분석의 적용 가능성(applicability)에 이론적 근거를 둔다. 사회 모델의 초점은 사회가 어떻게 조직되는지에 있다. 건물을 웅장하게 보이기 위해 계단 사용을 중시하는 사회는, 휠체어 사용자, 유아차를 미는 사람, 보행 보조기나 지팡이를 짚고 걷는 노인 등이 말하는 건축적 선택이란 의견을 깎아내린다. 이 건물들은 '이런 사람들'은 사회의 일부가 아니라는 메시지를 보낸다. 사회적 모델에서 장애 경험은 두 가지 순간으로 나뉜다. 첫번째는 '손상impairment'으로, 시각 장애, 휠체어나 지팡이 사용, 읽기에 대한 도움 필요 등 특정 신체에 대한 비교적 중립적 용어이다. 두번째 용어인 '장애disability'는 이러한 특정 손상이나 장애가 특정 사회의 가치 체계에 들어오는 순간 나타난다. 한 사회의 미학, 즉 아름답다고 생각하는 방식에서 차이를 허용하는 한 장애는 존재하지 않는다. 건물 입구 대부분이 평평하거나 완만한 경사로가 있는 사회에서는 두 다리로 쉽게 이동하지 못하는 사람도 상대적으로 별다른 어려움이 없을 것이다. 마찬가지로 다양한 종류의 지식을 중시하는 사회에서는 읽기 장애(print disability)가 있거나, 글을 읽지 못하거나, 인지 능력이 떨어지는 사람도 지혜를 가진 사람으로 이해될 수 있다.

물론, 실제 삶에서 이렇게 깔끔하게 딱 떨어지지는 않는다. 휠체어 사용이나 보행 보조기 지원의 필요성에 이르기까지 고난은 계속 존재하며, 물리적 환경을 제공하는지와 관계없이 사람들에게 부정적인 영향을 미친다. 환경은 단순 물리적인 것만이 아니다. 신속한 행동과 날마다 방대한 할 일 목록 달성을 중시하는 사회는 고통, 피로나 다른 인지 패턴을 지니고 살아가는 사람을 장애인으로 만든다. 당신이 하루 8시간 근무를 할 수 없다면, 사회는 당신이 공헌한 가치에 대해 인정할까? 장애 연극이 연약함, 피곤함, 불안정한 삶(precarious lives)을 살아가는 데 드는 비용을 숨기지 않을 때, 많은 사람에게 울림을 줄 수 있다. 표준적 혹은 정상적 방식으로 사는 데 드는 대가를 더 이해하고 인정하는 것이 중요하다.

    장애 관련 사회적 모델의 가치는 모든 형태의 차별과 장애를 설명하는 능력에 있다기보다 죄책감을 즉각적으로 덜어주는 데에 있다. 평생 당신 자신에게, 당신의 몸이나 정신에 문제가 있다는 말을 들어왔다면, 짧은 오후 워크숍을 통해 다르게 생각을 해보는 것만으로도 인생이 바뀔 수 있다. 아니, 당신이 잘못한 게 아님을 설명해줄 수 있다. 아니, 당신은 의료 시스템을 통해 '고쳐져야 할' 필요가 없다. 아니, 다른 수술법도, 여러분의 삶을 미래로 미루는 치료법을 찾는 것도 답이 아니다. 도리어 당신의 특정한 존재 방식과 사회 환경이 상호작용하는 방식에 장애가 있다. 장애 운동은 상황을 함께 변화시킬 수 있다. 우리가 적절한 학습이라고 생각하던 부분을 확장하고, 너무 편협하며 다른 지식을 가치 있게 생각하지 않는 행동 양식에서 한 발짝 물러서도록 만든다. 세상에서 더 많은 이가 '인간'과 '가치'로 존중받을 수 있도록, 우리의 일상과 건물의 형태를 바꾸는 것이다.

    장애의 사회적 모델에 대한 이러한 사고방식은 매우 희망적이다. 장애라는 부정적 개념은 사라지고 결국에는 차이만 남는다는 유토피아적 희망이다. 연극은 유토피아적 비전을 실현하기 위한 훌륭한 실험실이 될 수 있다. 2015년 데프 웨스트(Deaf West)의 브로드웨이 버전 뮤지컬 〈스프링 어웨이크닝Spring Awakening〉에서 휠체어를 타고 무대에 오른 알리 스트로커(미국 수화와 노래를 결합한 브로드웨이 뮤지컬에서 휠체어를 타고 등장한 최초의 배우)는 휠체어의 곡선 경로를 우아하게 활용하여, 비극이 아닌 차이의 스펙터클을 만들어낸다. 차별화와 청소년 성장을 주제로 다룬 쇼의 틀에서 장애가 만들어내는 차이는 흥미롭고, 스펙터클하며, 연극적이지만 부정적이지 않다. 하지만 장애 접근성은 단순 의미론과 언어 게임에만 국한되지 않는다. 스트로커가 사용하는 화장실은 넓어지고 손잡이가 설치되는 등, 극장(무대 뒤) 공간의 구조적 변화를 동반하여 건물에 흔적을 남겼다. 변화하는 극장.

많은 활동가는 '장애인'이라는 용어를 소중히 여기며, '다르게 능력 있는 사람differently abled'이나 '능숙하게 할 수 있는 사람handicapable'과 같은 완곡한 말을 조롱한다. 우리 사회가 장애인을 차별하는 한, '장애인'이라는 용어로 정치적 현실을 분명히 함은 공동의 투쟁과 공유된 가치를 드러내는 상징이 될 수 있다. 다른 언어 선택이 존재하는데, 다른 정치적 관점에서 많은 사람이 '장애가 있는 사람'이라는 용어를 사용한다. 장애에 대한 이런 사고방식은 '사람 우선의 언어people-first language'를 요구하며, 장애에 대한 부정적 가치가 사람을 있는 그대로 바라보는 관점을 쉽게 방해한다고 주장한다. 따라서 '장애가 있는 사람'이라는 용어를 사용함으로써 사람의 인간성에 주목하는 것은 일종의 사회적 해결책일 수 있다.

연극적 작품에도 비슷한 예가 있다. 비하인드 다큐멘터리 〈비커밍 불릿프루프Becoming Bulletproof〉(2015)는 제노 마운틴 팜(Zeno Mountain Farm)에서 매년 열리는 수련회에 참가한 장애인 배우들의 모습을 보여준다. 이들은 서부 영화를 함께 제작하고, 관객은 다양한 사람들에게 개인적인 만족감, 관객 통제, 유쾌한 즐거움을 선사하는 많은 장면을 본다. 노골적인 정치적 분석은 거의 없다. 동료애가 있을 뿐이다. 계단 설치에 항의하려고 계단에 자기 몸을 묶는 대신, 계단 위에서 서로를 돕는다. 연극은 장애인과 비장애인의 상호 의존적인 참여 속에서 이루어지며, 비장애인이 도우미 역할을 하며 얻는 만족감은 장애인에게 필요한 도움과 상호 교환된다. 다큐멘터리는 다양한 장애인 구성원들의 유사성과 집단 정체성보다는 그들의 개인적인 인간성, 특별한 자아, 연극 연습에서 오는 열정을 즐기는 방식에 초점을 맞춘다.

소수자 모델의 장애 관점에서 장애는 공유된 역사, 공유된 경험, 공동의 정치에 기반을 둔 긍정적인 정체성이 된다. 장애 문화 무도장에는 내부자들이 나누는 농담, '우리' 대 '그들(비장애인)'에 대한 이야기 방식, 관례와 비유가 있다. 연극 관례상 장애를 이해하는 이런 방식은 정신 병원, 프릭 쇼(freak show), 자선 전시회, '의사 앞에서 벌거벗은 아이'처럼 괴로움을 겪은 이야기와 같은 상징적인 표식(iconic touchstones), 역사적 동일시의 장소(loci), 그리고 (집단) 기억을 제시하는 경우가 많다. 소수자가 등장하는 이런 장면은 여러 가지 면에서 억압을 경험하게 만든다. 거기에 '장애 문화'가 존재하는가? 여러 '문화들'은 있을까? '장애'라는 유동적 용어가 유럽에서 유래한 생의학적 문화가 아닌, 인간의 차이를 다룬 다른 역사의 문화에서도 유용할까? 장애 문화 내에 계층 구조가 있을까? 신체적·인지적 차이를 넘어 포용할 수 있을까? 고유한 언어 세계를 가진 청각 장애인은 자신을 장애 문화의 일부로 생각할까? 그리고 많은 장애인이 자신을 특이한 존재, 고유한 문화의 예외자로 경험한다는 점을 고려할 때, 다양한 장애인을 하나의 집단으로 동일시하는 상황이 얼마나 희망적이고, 또 얼마나 보잘것없는 것일까?

장애를 무대화하기

'크립'과 '매드mad'라는 자기 식별 용어는 장애 공연자들의 언어 장면에서 비교적 최근에 등장한 단어다. 이 단어들은 내부자/외부자 사이에 복잡한 지위를 가진, 새롭게 사용되는 용어다. 어떤 사람들은 인종 억압과 수탈의 유산인 n-단어와 유사하여 오직 (장애가 있는) 자신들이나 동일시되는 사람들만 합법적으로 사용할 수 있다고 인식하기도 한다.● 그런데도, 이런 단어에는 거대한 힘과 책임 및 잠재된 에너지가 있다. 그래서 정치 기조가 변화하면서, 일부 활동가와 이론가는 '크립'을 '퀴어queer'와 비슷한 것으로 보기도 한다. 이는 더 이상 이분법적 구분(장애인/비장애인, 동성애자/이성애자)에 확고한 기반을 두지 않고, 역사적 억압을 인정하면서도 본질적인 정당화는 추구하지 않는 유동성에 더 적합하다(샌달 Sandahl, 2003년 저술 참조).

● n-단어는 식민지와 수탈의 경험을 겪은 아프리카계 사람들을 지칭하며, 이 단어는 아프리카계 공동체 내에서의 사용은 어느 정도 용인되지만, 외부자가 사용하기에는 상당히 부적절하고 정치적으로 올바르지 않다고 인식된다. 같은 논지에서 저자는 '크립'이라는 용어를 장애가 있는 내부자가 아닌 외부자나 비장애인이 부적절하게 사용하는 것에 대한 주의를 환기하려 한다.

내 개인적인 기준은 본질적 정체성과 개념적 개방성 범주 사이 어딘가에 있다. '크립'과 같은 단어가 사용되는 공간에서 어떤 식으로든 장애가 있는 사람들이 상당수이고 그들이 리더십을 발휘할 수 있는 위치에 있다면, 그 단어가 어떻게 사용되는지, 누가 사용하는지를 상당히 편안하게 느낄 것이다. 반면에 내 크립 레이더가 전혀 작동하지 않거나, 대화를 하는 사람들이 대부분 비장애인으로 보이고, 그들의 발언에서 그들이 장애인으로 드러나지 않거나, 모인 공간에 (경사로, 소파, 큰 글씨 표지판, 수화 통역사 또는 실시간 캡션 등) 접근성을 보여주는 물질적 징후가 거의 없다면, 나는 누군가 그 식별 용어 '크립'을 사용할 때 발끈할 테고, 힙한 사상(hip politics)에 대해 의구심이 들 것이다.

결국, 특정 상황에 어떤 용어가 적합한지 알아내는 가장 좋은 방법은 말하는 사람들의 이야기를 듣는 것이다. 사람들은 '자기 옹호자•', '자폐인', '인지적 차이', '시각 장애인', '맹인', '휠체어 사용자', '정신 건강 시스템 생존자mental health system survivor', '특별한 신체extraordinary embodiment', '청각 장애/

• '자기 옹호자self-advocate'는 스스로 자신의 이익을 대변하는 행위로, 지적 장애나 발달 장애가 있는 사람들을 위한 권리 운동이다.

청각 장애인Deaf/deaf•' 등의 칭호를 사용하는가? 이러한 용어는 각각 정치적인 의미를 함유하며, 각 용어의 속뜻에 귀 기울이는 것이 장애 문화 세계 속 삶의 기술이다.

재현과 무대

새로 부상한 장애학 분야의 초기 텍스트로 로즈메리 갈런드 톰슨(Rosemarie Garland Thomson)의 글이 있다. 톰슨은 장애인의 삶과 언어의 복잡한 내용이 주류 문화에게 다가갈 때 어떤 일이 발생하는지에 대해 다음과 같이 썼다. '재현은 자주 전형적인 장애인 인물의 수사적 혹은 상징적 잠재력을 지지하면서, [장애인의 삶과 언어의] 복잡성을 모호하게 만든다. 전형적 장애 인물이 종종 관객이나 중요한 등장인물의 동정, 두려움, 불편함, 죄책감 또는 정상성(normalcy)의 피뢰침 역할을 하곤 한다.'(1997, 15쪽). 장애인 캐릭터는 보조자가 되어

• deaf는 일반적으로 청각 장애인을 지칭하고, Deaf는 청각 장애인들의 문화와 집단 공동체를 강조하는 용어이다. 공동체는 자신들만의 언어를 중심으로 집단 문화를 형성하고 있다는 점을 강조한다.

자신의 복합성을 축소하는 내러티브 기능에 편입된다.

물론 항상 그런 것은 아니다. 연극학자 앤 폭스(Ann Fox)는 연극에는 장애에 대한 복잡하고 흥미로운 은유가 있음을 상기시킨다.

예를 들어, 체리에 모라가(Cherríe Moraga)의 『영웅과 성자 *Heroes and Saints*』(1996)는 은유와 장애의 생생한 경험을 강력하게 결합한 페미니즘 작품이다. 이 작품의 주인공인 세레지타는 어머니가 농약으로 오염된 마을 상수도의 물을 마셔서 팔다리가 없이 태어난 인물로, 라틴계 커뮤니티에 가해진 환경적 인종 차별의 결과를 상징적으로 보여준다. 그런데 모라가는 세레지타의 장애를 단순히 개인적 비극으로 묘사하는 것이 아니라 세레지타의 일부 정체성으로 나타내며, 세레지타를 욕망을 가진 매력적 인물로 창조한다. 세레지타는 낯선 사람들의 시선으로부터 자신을 숨기려는 어머니의 노력에 저항하며, 자신의 가시성을 주장한다. 실제로 세레지타의 장애는 이후 수동적으로 공동체를 고무시킬 뿐 아니라, 더 나아가 적극적으로 공동체를 이끈다. (2002, 79쪽)

폭스가 보여주듯이, 연극에서 장애는 스펙터클하고 흥미

롭고 끝없이 매혹적일 수 있으며, 극작가들에게 많은 영감을 제공했다. 그러나 이 작은 책은 너무 짧아서 극적 소재로 활용되는 장애의 많은 사례를 자세하게 열거하기 어렵다. 이 책은 실제 장애인이 부재한 상황이라도, 내러티브가 복잡하거나 장애인이 연극의 비유와 역사에 참여하는 등의 극적인 순간에 초점을 둔다.

아폴로 극장으로 돌아가자. 연극 〈한밤중에 개에게 일어난 의문의 사건〉의 막이 올랐다. 이 연극의 원작이 된 소설이나 수상 이력에 빛나는 연극 대본, 그리고 무대에서 화려하게 재현되는 과정에 장애인의 직접적 참여는 없었다. 장애인 커뮤니티의 거센 항의에도 불구하고, 무대에 장애인 배우는 등장하지 않았다. 장애를 무능함과 동일시하는 부정적인 장애 고정 관념 때문에, 장애인 배우가 캐스팅되기는 매우 어렵다. 이는 장애인 배우가 후배 장애인들의 롤 모델이 될 가능성이 희박하다는 뜻이고, 이후로도 계속 그러하리라는 의미이다. 일상생활에서 장애인이라는 사실을 당당히 밝히는 사람들이 점점 늘어나는 데도 장애의 주변성(marginality)에 대한 고정 관념은 끝없이 지속되고 있다. 장애가 일상생활 속에 존재함에도 주류 문화 텍스트는 침묵을 지키고 있어,

그 틈새에는 불균형이 존재한다. 미국의 드라마 〈본즈Bones〉나 〈빅뱅 이론The Big Bang Theory〉과 같은 TV 프로그램은 자폐적 특성을 가진 캐릭터를 눈에 띄게, 야심 차게 등장시킨다. 이런 캐릭터들은 꽤 괜찮은 삶을 사는 모습으로 그려지며, 차이로 인해 큰 차별을 다룬 드라마로 만들어지는 경우는 거의 없다. 그리고 여기 웨스트엔드/브로드웨이 공연은 반짝반짝 빛나고, 스펙터클하고, 심금을 울리는 장애의 차이에 초점을 맞춘다. 〈한밤중에 개에게 일어난 의문의 사건〉의 주인공인 15세 소년 크리스토퍼는 진단 미확정/명명 미확정 자폐적 특성이 있다. 대중문화가 자폐증을 다룰 때 종종 '아스퍼거'라고 표현하는 형태이다. 이 세련된 소년의 성장 이야기에서, 크리스토퍼는 개의 죽음을 조사하면서 세상을 접하는 자신의 특별한 감각뿐 아니라 인지적 방식과 타협할 방법을 찾는다. 크리스토퍼는 접촉을 싫어하지만, 주변에서 일어나는 일을 이해하기 위해 다른 사람의 감정을 주의 깊게 분석해야 한다.

크리스토퍼를 누가 연기하느냐에 대해서는 이해관계가 복잡하게 얽혀 있다. 자폐 스펙트럼을 가진 자기 옹호자 캐럴린 레데스마(Carolyn Ledesma)는 2015년 8월에 쓴 편지에서, 연극이 호평받으며 몇 년간 성공해왔음에도, 재캐스팅을 진행하는 과정에서 또 자폐인 장애 배우를 캐스팅하지 않은 점에 대해 비판했다.

나는 나를 활동가라고 표현하기보다는 자기 옹호자라고 표현하고 싶습니다. 나는 대학 시절 배우로 활동했습니다. 무대 위에서의 재현은 내가(자폐증 환자들 대부분도) 매우 열정을 가지고 있는 분야이며, 이 공연은 내게(자폐증 환자 대부분에게도) 있어 매우 민감한 문제를 건드리고 있습니다.

연극은 종종 자폐인에게 치료로 권유됩니다. 많은 자폐인이 오디션에서 배역을 얻기 위해 '중요한' 짧은 잡담과 무대 뒤에서의 친분 쌓기가 얼마나 중요한지를 깨닫기 전까지 연극을 추구합니다. 다시 말하지만, 보통 배우가 무대에 있는 동안 자폐는 거의 영향을 미치지 않습니다.

[……]

나는 크리스토퍼 역에 캐스팅된 배우가 타일러 리아(Tyler Lea)라서 정말 기쁘지만 [……] 이 결정은 자폐 커뮤니티에 한 방 먹인 것인가 싶기도 하고, 크고 좋은 기회를 빼앗겼다고 느껴지기도 합니다. 연극 캐스팅 과정의 어려움은 알지만, 장애를 이용해 이익을 얻고 있는 당신이 그 장애가 있는 사람들의 말에 귀를 기울이거나, 그들의 말에 귀 기울였다고 조금이라도 인정하는 것은 그리 어렵지 않을 것입니다. (제이콥스Jacobs, 2015)

이 편지를 게재한 블로그 기사에는 연극 연출과 캐스팅 팀이 자폐인 배우의 이력서를 요청하는 편지도 같이 게시되었다. 자폐인 배우의 이력서를 환영한다고 명시하고 면접 기회가 열려 있음을 강조하지만, 여전히 지금까지 실제 캐스팅으로 이어지지는 않았다.

배우들의 사적 정체성을 둘러싼 논쟁은 이 연극이 장애를 주류적으로 재현하는 중요한 기준점으로 인정받는 데 큰 역할을 했다. (대릴 해나, 팀 버튼, 코트니 러브 등 유명 할리우드 스타를 비롯해) 점점 더 많은 배우들이 자신의 자폐 스펙트럼 상태에 대해 공개적으로 이야기하기 시작했다. 이와 함께, 아프리카계 얼굴 분장(black-face)과 관련한 인종 차별의 역사가 더는 사회 연극 언어로 용납되지 않는 것처럼, '크리핑 업cripping up'(장애인인 듯 연기하는 것)이 사회적으로 용인되지 않는 때가 언제쯤 올까?

아카이브와 장애 연극

장애가 주도하는 연극의 역사는 복잡하고, 학술 문헌에서 추적하기 어렵다. 장애의 주변적 지위와 장애를 드러내는 커밍아웃과 관련된 사회적 낙인 때문에, 오늘날 극작가나 연극 제작자는 자신의 장애를 공개적으로 드러내고 활동하지 않을 것이다. '장애'는 전략적 라벨이 될 수 있다. 다양성에 초점을 맞춘 기금 지원 기관에는 장애가 유용하겠지만(장애가 다양성 지표에 포함되는 한), 자금 지원 상황이 바뀌어 달리 표가 나지 않는(보통 백인, 보통 남성) 기준으로 변한다면, 그래서 장애를 규범에서 벗어난 평가 절하된 소수자 프로그램으로 인식할 때면 큰 걸림돌이 될 수 있다. 장애는 문화와 시대에 따라 다르게 인식된다. 역사적 인물을 역진단 하는 작업은 문제가 많지만, 스스로 정전을 만들고자 하는 소수자 문화 구성원에게는 매우 재미있는 게임이기도 하다. 이러한 불확실성 속에, 장애학/연극학에는 몇 가지 견고한 기준점이 있다. 이에 따라, 연출가, 배우, 극작가가 자신을 스스로 장애인 커뮤니티의 일원이라고 적극적이고 확고하게 밝힌다.

영국 그레이아이(Graeae)의 작품에 대한 리처드 톰린슨

(Richard Tomlinson)의 설명은 자칭 장애인 연극 아카이브에 기록된 초기 글이다. 톰린슨과 장애인 배우 나빌 샤반(Nabil Shaban)은 1980년 그레이아이 극단을 설립했다. 이들의 미학적 초점은 장애인 배우와 비장애인 관객의 만남에 맞춰져 있다(이 작품이 제작된 시기는 장애인 관객이라는 개념이 아직 없었고, 접근성 개념이 나오기도 전이었으며, 장애인들에게 극장 입장권을 살 돈을 벌 [많은] 일자리를 얻을 기회가 주어지기도 전이었다. 나 같은 사람이 전 세계 공연을 관람하는 교수가 될 수도 없을 때였다). 이러한 장애인 연극은 특정 패러다임의 일시적 정지를 통해 권력을 인식하는 순간을 만들어낸다.

사회는 장애인 사회 구성원이 장애인처럼 행동하기를 기대한다는 말이 있다. 이것이 암시하는 바는 장애인이 비장애인과 함께 있을 때는 순종적이고 묵묵히 따르는 처지를 보여야 한다는 것이다 [……] [하지만, 공연에서는] 대체로 수동적이고 넋을 놓고 있는 관중 앞에서 일정 시간 동안 특정 매체를 통제하는 바로 그 행위 자체가 장애에 대해 만들어진 사회 통념의 상당 부분을 제거할 가능성을 실제로 허용한다. (1982, 11-12쪽)

종종 연극의 부정적인 특징으로 언급되는 수동성은 여기에서 기회가 된다. 즉 서로 다른 사람들이 만났을 때 어떤 일이 일어나는지 생각할 시간이 제공되고, 이 짧은 순간 동안 권력 관계를 재협상할 수 있는 장소로 작용한다. 관객이 세상을 다르게 보길 바라는 마음은 그레이아이의 접근 방식에서 중요하게 나타난다. 2002년, 그레이아이의 연출가 제니 실리(Jenny Sealey)는 주류 연극계에서 지속해서 나타나는 캐스팅 선택과 '연극의 질' 이슈에 초점을 맞춰 관객을 재교육하는 방법에 대해 조금 다른 방식으로 기술한다.

〈체인질링The Changeling〉을 제작한 후 '왜 〈체인질링〉에 모두 좋은 배우들로만 캐스팅하지 않았냐'는 질문을 받았는데 [……] 캐스팅할 때 실력의 불균형을 눈치챘지만, 모든 배우의 잠재력도 알고 있었다. 시각 장애인 배우 2명, 청각 장애인 배우 1명, 휠체어 사용자 2명, 거동이 불편한 배우 1명, 수화 통역사/배우 1명과 함께 리허설하는 과정은 상당히 특별했다. 나에게 불균형은 관객이 예술적·실천적 접근 내 거대한 활동의 미묘한 본질을 볼 수 없다는 뜻이다.

(실리, 2002, 콘로이Conroy, 2009, 7쪽에서 인용)

이처럼 창립자, 연출가, 관객의 의견은 장애인 연극의 귀중한 아카이브를 구축한다.

(2000년에 미국의 장애인 연극을 정리한 초기 에세이를 쓴 이후) 빅토리아 루이스(Victoria Lewis)는 2006년 선집 『피해자와 악당을 넘어서: 장애인 극작가의 현대 희곡Beyond Victim and Villains: Contemporary Plays by Disabled Playwrights』을 발표한다. 이 선집은 장애 연극 분야의 드라마 대본을 모은 최초의 출판물이었다. 이 책은 데이비드 프리먼(David Freeman), 린 매닝(Lynn Manning), 마이크 어빈(Mike Ervin), 존 벨루스코(John Bellusco), 찰스 L. 미(Charles L. Mee), 수전 누스바움(Susan Nussbaum)의 대본과 루이스와 도리스 베이즐리(Lewis and Doris Baizley)의 공동 프로젝트를 담아낸 귀중한 자료로 자리매김하고 있다. 존 호켄베리(John Hockenberry)는 이 선집을 '신흥 문화의 소중한 유산'(2006, 10쪽)이라고 불렀다. 장애 문화재의 희귀성과 기록적 가치에 대한 이런 의견은 이 분야의 많은 선집과 컬렉션에서도 마찬가지로 나타난다.

미국의 대표적인 공연계 저널 『아메리칸 시어터American Theatre』의 2001년 장애 연극 특집호에서, 빅토리아 루이스와 인터뷰를 맡은 캐슬린 톨랜(Kathleen Tolan)이 관련된 논의의 분위기를 이렇게 전한다.

"옛날 경고와 감상이 담긴 재현의 예시들이 형성한 장애인 캐릭터는 여러 세대를 거쳐 무대 위를 채워왔다. 낙인이 찍힌 오이디푸스와 리처드 3세부터 세상에 순수함과 선함을 명백하게 나타내는 특별한 아이 타이니 팀(Tiny Tim)*에 이르기까지 말이다"라고 빅토리아 앤 루이스가 말한다. 루이스는 18년 동안 장애인 연극 예술가들의 연극과 공연을 제작해온, 로스앤젤레스 공연 예술 극장 마크 테이퍼 포럼(Mark Taper Forum)의 프로그램인 '어더 보이시스Other Voices'의 설립자이다.

루이스는 〈리처드 3세〉가 훌륭한 연극일 수 있지만, 이 연극을 무대에 올리거나 보는 사람들은 기형적인 신체가 사악한 영혼을 뜻한다는 가정과 직면해야 한다고 지적한다. 다른 예시도 많다. 〈유

● 찰스 디킨스의 『크리스마스 캐럴』에 등장하는, 스크루지가 고용한 부하 직원 밥 크래칫의 병약한 아들이다. 디킨스는 타이니 팀이 앓고 있는 질병을 명확하게 밝히지 않는다. 다만 인물 묘사에 따르면, 타이니 팀은 목발을 짚고 다니며, "팔다리를 철제 장치로 지지his limbs supported by an iron frame"했다고 묘사한다. 이런 인물 설정으로 유추하면, 팀은 가난 속에서 제대로 된 치료를 받지 못한 장애인이자 병약한 아이의 모습을 상징한다.

연극 그리고 장애

리 동물원〉*에서 로라의 장애 연극은 장애인을 무력한 희생자로 바라보는 사회적 가정을 얼마나 반영하는가? 디킨스가 묘사한 감상적인 장애인 타이니 팀을 어떻게 바라봐야 할까? 이런 은유적 표현은 오늘날에도 여전히 유용할까? 아니면 위험할까? (2001, 17-21쪽, 57-59쪽)

장애인 극작가, 연출가, 배우, 제작진이 오랜 이미지의 의미를 재해석해서 제작하는 방식에 주목함으로써, 장애와 연극은 함께 결합하여 새로운 장면을 형성하고, 특정 종류의 신체가 무엇을 의미하는지에 대한 오래된 통념을 흔들 수 있다. 『아메리칸 시어터』 인터뷰에, 미국 장애 연극계 베테랑 세 사람이 생각하는, 자신들의 작업 방식에서 장애 은유가 미치는 영향에 대해 나눈 대화가 글로 실렸다.

린 매닝(Lynn Manning) 나는 시인이고, 은유는 늘 내가 가장 좋아하는 도구이다. 하지만 장애는 내가 선택한 은유가 아니다. 아마도

● 테네시 윌리엄스의 대표 작품이자 기억극으로, 로라와 어머니, 심약한 여동생에 캐릭터 기반을 둔다. 등장인물 로라 윙필드(Laura Wingfield)는 어린 시절 질병으로 인해 다리를 저는 장애가 있고, 정신적으로도 취약하며 열등감에 사로잡혀 있다.

이는 장애인 캐릭터가 인간 조건의 어떤 손상된 면을 표현하는 데 너무 자주 사용되기 때문일 것이다. 그래서 나는 장애가 있는 캐릭터를 쓸 때—내 작품들에 신체적·감각적·시각적 장애가 있는 사람이 많이 등장하지는 않지만—그 캐릭터를 무언가에 대한 은유가 아닌 온전히 완성된 캐릭터로 만들려고 노력한다. 이야기는 인간 조건의 더 거대한 측면에 대해 다루고, 장애인 캐릭터는 변화를 위한 실제 인간으로 존재해야 한다.

셰릴 마리 웨이드(Cheryl Marie Wade) 테네시 윌리엄스는 내가 가장 좋아하는 극작가이다. 그래서 나는 손상된 신체를 통해 재현되는 손상된 영혼과 같은, 다리 저는 장애인 은유에 상당히 빠져 있다. 그런 은유에 빠져들게 하는 설득력 있는 감정을 활용하되, 그것으로 진짜 장애인을 묘사할 수 있는지가 중요한 점이라고 생각한다. 캐릭터를 매우 설득력 있게 만들고 감정적 여정을 풍부하고 가득 차도록 만들어서, 그런 은유와 장애에 대한 단순하고 편협한 관점을 무너뜨려야 한다. 정말 어려운 일이다.

캐리 샌달(Carrie Sandahl) 장애인은 공연하면서, 이런 많은 극적 은유가 작동하는 방식에 도전한다. 왜냐하면 일반적 장애인 역할을 비장애인 배우가 맡는 경우가 많기 때문이다. 그래서 은유와 인물을 분리하는 것은 매우 쉽다. 항상 일종의 거리감이 있기 때문이다. "내게 실제로 장애가 있는 것은 아니다"라는 신호가 항상 새어 나오는 것 같다. (2001, 17–21쪽, 57–59쪽)

이들 연극인 세 명은 모두 은유와 축약이 아닌, 비장애인의 능력을 드러내려는 보여주기식 장애가 아닌, 장애인의 온전한 삶의 무게를 무대 위에서 다른 방식으로 표현한다고 주장한다. 장애에 관한 극적 전개의 초점 중 하나는 사실주의 드라마 전통의 유산 속에서 강렬하고 깊이 있는 캐릭터를 창조하는 데 있다.

많은 현대 연극은 사실주의와 캐릭터 중심의 작품이 아닌 다른 곳에 뿌리를 두고 있다. 다음 섹션에서는 장애와 연극에 대한 몇 가지 다른 사고방식을 간략하게 소개하겠다.

캐릭터에 저항하며: 멜로드라마, 리얼리즘, 그리고 현대 연극 미학

많은 장애 연극에는 명백히 정치적 연극의 성격이 있다. 이는 자연주의 연극 전통의 특징인 행동과 캐릭터의 일치에 반하여 작동하며, 우리가 알고 있는 세계의 이음새를 여는 방법으로 파편화를 활용한다. 연극에 대한 이러한 사고방식의 핵심(이자 복잡한) 메커니즘 중 하나는 베르톨트 브레히트(Bertolt Brecht)의 낯설게 하기 혹은 소외 효과(Verfremdungseffekt)이다. 낯설게 하기는 연극적 방법을 통해 이야기나 캐릭터의 동기, 또는 특정 공간을 낯설게 만드는 방식이다. 때때로 순간 새로운 일이 발생하고, 연극 관객의 예상을 뒤엎는다. 연극은 새로운 것을 만들고자 하는 모더니스트의 충동과 오랜 기간 맞닿아 있었지만, '낯설게 하기'라는 틀 아래에서는 낯설게 하기 충동이 의도적으로 발생한다. 브레히트는 이 방식에서 배우들이 '관객이 단순히 극중 인물과 자신을 동일시하지 못하게 방해하는 방식으로 연기했다'라고 설명한다. 배우들의 행동과 발언에 대한 수용이나 거부는 이전까지와 같이 관객 무의식의 층위가 아닌 의식적 층위에서 발생하도록 의도되었다(1961, 130쪽).

이 유명한 현대 연극의 격언은 연극 제작과 연극의 정치에 대한 이해에 깊은 영향을 미쳤다. 매끈함 대신 울퉁불퉁한 모서리가 관객의 경험 속으로 두드러질 뿐 아니라, 연기한 행동과 실제 세계 사이의 관계마저 의문을 품게 한다. 즉 세상이 꼭 현 상태 그대로일 필요는 없다. 방향도 바뀔 수 있다. 2001년에 나는 장애와 공연에 관한『컨템포러리 시어터 리뷰*Contemporary Theatre Review*』특별 복간호를 편집했고, 많은 작가와 힘을 합쳐 다양한 목적으로 이런 '낯설게 하기'의 순간들을 논의했다.

영국에 기반을 둔 케이트 오라일리(Kaite O'Reilly)는 비청각 장애인(Hearing)과 청각 장애인 공연자의 통합 앙상블인 커먼 그라운드 사인 댄스 시어터(Common Ground Sign Dance Theatre)의 작가로 활동한다. 작가는 영국에서 가장 유명한 장애인 연극 단체 그레이아이에서 일한 자기 경력에 관해 이야기한다. (그레이아이의 공동 설립자인 톰린슨이 1982년에 저술한 단체의 역사, 제니 실리가 2002년에 발간 희곡집, 실리와 카리사 호프 린치 Carissa Hope Lynch의 2012년 미학 논의도 함께 참조.) 오라일리는 수화(sign language)와 그것이 낯설게 만드는 능력에 대한 자신의 애정을 논하며, 특히 시각 장애가 있는 여성으로서 수화의 매력에 관해 강조한다. '전문 지식이 없는 사람들에게는 페이지에 고정된 것처럼 보이는 문학 텍스트가 공중에서 조각된 듯 화려하게 비상한다. 마술사의 트릭처럼 인쇄된 상형 문자가 실체화하고 구체화한다. 잉크 글씨에 담긴 아이디어가 공연에서 윤곽, 심장 박동, 호흡으로 발전한다(42쪽). 연극의 힘에 대한 이런 비전을 갖고, 모국어이자 자연스러운 언어가 아닌 문자 텍스트와 신체 사이의 거리를 나타내는 표식으로 수화를 사용한다. 수화와 함께 연극은 청각 장애인과 비장애인 관객 모두에게 새로운 가능성, 의미와 신체의 새로운 구성을 창조한다.

미국에 기반을 둔 연극 연출가 조앤 립킨(Joan Lipkin)과 연극학자 앤 폭스는 세인트루이스의 커뮤니티 연극 그룹 장애 프로젝트(DisAbility Project)가 이용하는 공연 전략에 대해서 논의한다. 이 극단은 낯설게 하기 메커니즘과 표현주의 기법을 써서 개인에서 집단으로 확장하며 장애에 대해 대안적으로 인식할 수 있는 방법을 제시한다. '장애 프로젝트의 배우들은 천식 발작으로 겪는 괴로움이 어떤 것인지 표현하는 실험을 해왔다. 그런데 립킨은 천식 발작을 겪는 사람을 엄밀하게 무대화하는 대신 앙상블 멤버들에게 폐와 심장을 의인화해달라고 요청했다. 천식 환자는 각자의 개성과 유머 감각까지 갖춘 자기 신체 부위와 대화를 나누는 것이다. 이러한 극적 선택은 익숙한 고정 관념과 은유를 벗어나 장애의 삶을 제시하는 효과적인 방법이 된다.'(130쪽)

다른 목소리로, 역사학자 마사 스토더드 홈스(Martha Stoddard Holmes)는 (파리에서 런던, 미국 영화 작품에 이르는 예시를 들어) 빅토리아 시대 멜로드라마에서 볼 수 있는 존재와 연기 사이의 거리에 대해 글을 썼다. 장애가 무대에서 공명하려면, 다른 음역과 함께 작동해야 한다. 제임스 케니(James Kenney)가 쓴 희곡 〈블라인드 보이The Blind Boy〉(1807)에서, 시각 장애인 주인공 에드먼드는 성 역할 바꾸기를 통해 빅토리아 시대 관객에게 위협적이지 않고 수용될 만하게 변형된다고 논평한다.

그의 여성화는 연약함, 아름다움, 꽃에 대한 사랑 등 전형적으로 생각되는 여성적 특성뿐만 아니라, 바위 절벽에서 자기 예비 신부의 품에 안기는 매혹적이고 모호한 성 역할 바꾸기(gender-bending) 장면을 통해 반복된다. 〈블라인드 보이〉의 무대 프로덕션은 에드먼드 역에 여성을 캐스팅하여 에드먼드가 여성과 동일시되는 모습을 규칙적으로 각인시킨다. 성 역할 구분이 모호한 이런 장면의 한 가지 효과는 관객이 기꺼이 (시각 장애 남성이 비시각 장애 여성을 포옹하는 모습을) '보는' 것을 실제로는 (당시에는 아마도 더 위안이 되는 이미지였을) 두 여성이 포옹하는 모습으로 대체하는 것이었다. (2001, 13쪽)

홈스는 빅토리아 시대 거리의 (실제) 불구자들이 자신의 장애를 사람들이 알아볼 수 있으면서도 수용할 만하게 만들기 위해 과장하여 '연기하는', 성별화한 행동과 같은 기술을 사용했다고 말한다. 일상적인 장애를 멜로드라마 같은 방식으로 연기하여 자신들을 위한 새로운 공간을 창조하고, '수용할 수 있는 비굴함(abjection)을 만들어 일터 밖에서도 살 수 있는 충분한 재원을 창출했다.'(22쪽). 이것이 다른 종류의 낯설게 하기이다. 이와 같은 낯설게 하기는 (거리) 공연자와 공연 소재 사이의 거리를 느끼는 방식으로, 수용된 내러티브를 공연하는 데 따르는 대가를 치러야 함을 이해하는 것이다.

세 저자 모두 정치적 지형을 바꾸기 위해, 비자연주의적이고 캐릭터 중심이 아닌, 차이를 삽입하는 연기의 예시를 제시한다. 이 공연 중 어느 것도 무대에서 '진짜 장애'를 만들어내지 않는다. 이 예술가들은 장애를 관객이 이해하고 체험

할 수 있도록 만들기 위해 번역, 확대, 공연할 필요가 있다고
말한다.

전복과 가능성: 〈무게〉 무대화

복잡성 읽어 내기가 정교한 현대 연극 분석의 중요한 기
준점이 되었다. 연극학자 캐리 샌달과 필립 오슬랜더(Philip
Auslander)는 2004년 편찬한, 장애 공연을 기록한 초기 선집
에서, 다양한 장애 무대 공연에 대한 귀중한 관점을 제공했
다. 같은 해, 샌달은 린 매닝의 공연 〈무게Weights〉를 집중적으
로 읽으며, 매닝의 삶을 구성하여 무대화한 방식이 매끄러운
사실주의 연극의 관습을 단순히 훼손하는 것을 넘어, 장애
고정 관념을 깎아내고 '서사 인공물narrative prosthesis'을 어떻게
약화하는지 설명한다. 앞서 2000년, 데이비드 미첼(David T.
Mitchell)과 샤론 스나이더(Sharon L. Snyder)가 저술한 저서에
서 장애를 서사 장치로 사용하는 문화적 경향을 지칭하며 서
사 인공물이라는 용어를 사용한 바가 있다.

매닝의 공연과 특히 관련 있는 서사 인공물을 간단한 예로 들어보겠다. 신체적 장애를 은유로 사용하는 전형적인 예는 학자들이 말하는 '극복' 서사로 시작한다. 여기서 장애 경험은 심리적 적응이라는 일반화한 은유가 된다.

[……] 차별, 접근성 부족, 분리(segregation), 경제적 불공평 등 장애인이 직면하는 매우 실제적인 문제는 장애인 캐릭터가 더욱 긍정적인 태도를 보인다고 해서 좀처럼 해결되거나 약화하지 않는다. 대부분 이런 재현 속에 등장하는 캐릭터는 백인, 중산층, 이성애자이며, 장애 분장(disability drag)을 하고 연기하는 비장애인 배우이다. 매닝의 공연은 서사 구조, 내용, 형상화 등으로 관객이 기대하는 극복의 은유를 비튼다.

매닝의 공연은 이전에 온전하던 한 개인이 장애라는 '고장brokenness'에 적응하며 나쁜 태도를 극복하려 애쓰는, 전통적 극복 서사 틀을 따르지 않는다. 〈무게〉는 사고 전후의 시간을 넘나들며 어린 시절과 성인 시절의 일화를 에피소드 형식과 비연대기적 형식으로 보여준다.

이런 파편화한 서사의 특성은 그의 인생을 보여주며, (그가 실명하게 된 술집에서의) 총격 사건 이전의 매닝을 '완전하게' 읽을 수 없도록 만든다. 공연을 통해 우리는 1960년대 로스앤젤레스 동부의 폭력, 불안정, 가난으로 가득한 그의 어린 시절에 대해 조금씩 알게 된다. [……]

매닝은 산문, 시, (일부는 녹음, 일부는 무대 위 뮤지션이 연주한) 음악과 조합해서 에피소드를 묘사한다. 공연에서 매닝은 일부 장면에서 일인칭으로 이야기하고, 다른 이야기 장면에서 젊은 시절의 자신이나 다른 주변 인물을 연기한다. 매닝의 캐릭터 묘사는 스토리텔링 스타일을 취한다. 그의 묘사는 사실적이지 않으며, 절대 자신이 다른 캐릭터로 완전히 변하지 않는다. [……] 결과적으로 매닝이 항상 자신의 관점에서 이야기하고 있음이 분명하다. 여기서 관객은 시각 장애인 남성 배우가 다양한 성별의 비시각 장애 인물을 연기하는 장면을 지켜보는 것이다. 비키니 차림의 여성 바텐더, 그를 쏜 폭력배, 그의 어머니, 형제자매, 운동 강사, 의사 등을 연기한다. 이런 연기의 전반적 효과는 위치 바꾸기(dislocating)이다. (2004, 584-585쪽)

매닝의 공연과 수용에 대한 샌달의 분석은 극장 관객에게 작동하는 여러 코드도 보여준다. 매닝은 장애 서사와 기대를 전복시킬 뿐 아니라, 워싱턴 DC의 극장 공간에서 자신의 물리적 존재와 그를 보러 온 다양한 관객이 다른 종류의 접촉을 할 수 있는 지대를 창조했다.

일부 아프리카계 미국인 관객은 극을 관람하며 상호 응답 방식으로 소리 내어 말했고, 나는 그들의 관람 스타일이 백인 장애인 관객에게도 영향을 주지 않았을까 생각한다. 청각 장애인 관객들은 특정 시점에 손을 머리 위로 흔들며 수어로 '박수'를 보내어 감사를 표했다. 매닝이 이런 감사의 표시를 볼 수 없었더라도, 청중 속 비시각 장애인들은 이런 감사의 표시를 알아봤을 것이다. 관객 전체가 [시각 장애가 있는] 매닝에게 감사의 표시를 전하고자, 평소처럼 고개를 끄덕이고 미소를 짓고 집중하는 모습을 보이는 등 시각적인 모습을 보이기보다 목소리를 더 내지 않았나 싶다. (601쪽)

이것이 극장을 접촉 공간이자, 문화 실험실로 읽는 방식이다. 서로 다른 문화가 교차하는 장애 연극의 존재는 연극 공간에 상호 작용하고 참여하는 새로운 방식을 제시한다.

멀티모달 극장

낯설게 하기와 비몰입 극적 기법은 현대 주류 공연 작품의 일부가 되었다. 다시 런던 웨스트엔드의 아폴로 극장에서 〈한밤중에 개에게 일어난 의문의 사건〉을 관람한 경험으로 돌아가보자. 나는 이미 이 작품의 다양한 무대화와 관련한 캐스팅 논쟁에 초점을 맞췄지만, 무대 위에 그럴듯한 세계를 창조하는 배우의 기술이나 능력이 〈한밤중에 개에게 일어난 의문의 사건〉의 전부는 아니다. 현대의 많은 웨스트엔드 공연과 마찬가지로, 이 공연도 배우의 스타 비히클(star vehicle)•과 더불어 압도적이고 매혹적인 무대 장치가 만들어낸 스펙터클이다.

연극의 한 장면에서 관객은 크리스토퍼가 런던의 교통을 헤치고 나아가는 모습을 지켜본다. 크리스토퍼는 지하철을 타거나 길거리를 걸으며, 사방의 소음과 표지판에 압도당한다. 연극은 매우 효과적인 몰입형 무대 기법을 사용하여 이

• 스타 비히클은 특정 배우의 재능을 더욱 강조하고 보여주려고, 그 배우를 중심으로 제작한 작품을 뜻한다. 그러나 여기서는 비장애인의 능력과 재능을 잘 나타나게 한 장애인 캐릭터 작품이자, 비장애인 배우의 스타성을 보여주는 스타 비히클이라는 의미를 내포하기도 한다.

런 압도적 과부하를 보여준다. 전통적인 블랙박스 극장의 바닥과 측면이 스크린이 되고, 녹색/흰색 단어와 격자무늬가 나타난다. 바닥에서 '여행travel'과 같은 단어들이 네온사인을 연상시키듯 파동치고, 메아리치는 소리는 어떤 공감각을 만들어낸다. 여기에 부딪치지 않고 서로를 빠르게 지나치는 배우들의 무대 안무와 함께 청각/시각의 감각적 교차가 조합을 이룬다. 이 장면에서 스포트라이트가 크리스토퍼의 무대 움직임을 따라다니며 비추고, 앞뒤로 움직이며 불안해하고 망설이는 그의 모습을 탐지한다. 이 장면은 무대 중앙의 바닥에 앉아 앞뒤로 흔들리고 있는 크리스토퍼와 그 옆에 서 있는 교통 경찰관의 모습으로 끝난다. 눈부신 스포트라이트는 크리스토퍼를 비추고, 바닥 격자무늬 위에 앉은 그의 모습이 마치 핀으로 고정된 나비처럼 보인다. 경찰관의 연주황색 조끼가 눈에 띄게 빛이 나고, 두 사람이 대화를 시작한다.

무대 장치, 조명, 세트, 음향 디자인, 안무가 모두 결합하여 도시에서 과부하가 걸린 크리스토퍼의 경험을 창조하고, 바그너의 종합 예술 작품(Gesamtkunstwerk)에 더욱 가까운 무언가로 사실주의적 관습을 폭발시켰다. 다른 관점에서 보면 이러한 형태의 미학은 교육 이론에서 더 많이 사용되는 멀티모달(multi-modal)과 유사하다. 무대에서 깜박이는 불빛이 '교통traffic'과 다양한 경고 글자가 되거나 창의적 방법의 자막이 되기도 하고, 다양한 청중을 위한 여러 가지 의사소통 방식으로 활용되어 청각 장애 관객들에게 접근성을 제공하기도 한다.

자막, 영국 수화 또는 미국 수화, 비디오 삽입과 기타 멀티미디어 구성 요소를 사용하는 것은 현대 연극에서 비교적 일반적 특징이 되었다. 이런 사용은 파편화한 포스트모던 상황에 대한 암시와 매혹적인 차이의 미학을 유쾌하게 표현한다. 그레이아이와 같은 극단은 이런 연극의 중요한 선구자로 활동해왔다. 케이트 오라일리의 〈필링peeling〉*(2002)과 같은 작품은 오디오 설명과 수화를 '부차적' 외부 요소가 아닌 등장인물의 의사소통 일부로 연극적 서사에 바로 통합시켰다. 오라일리는 주류 연극계에서 의미심장한 성공을 거둔 몇 안 되는 장애인 연극 작가로, 2016년에 〈필링〉을 포함한 자신의 연극 선집을 출간했다.

널리 인용되는, 영향력 있는 작품 〈필링〉은 그레이아이의

• 저자 페트라 쿠퍼스는 첫 글자를 대문자로 쓰지 않고 소문자로 쓴 peeling으로 표기했다.

오랜 연극 연출가이자 청각 장애인 여성인 제니 실리가 연출했다. 2015년, 실리는 영국 연극계에서 자신의 명성을 활용해 장애 문화계의 또다른 측면인 수당 삭감과 그 충격적인 결과에 이목을 집중시켰다. 국제적 장애인 접근성의 확대 추세에 역행하는 움직임으로, 영국(과 진보적 성과에 등을 돌린 다른 국가들)은 장애인 접근성을 가능하게 하는 조항을 폐지하기 시작했다. 실리의 경우, 근로 접근성(Access to Work) 제도의 폐지와 자립 생활 기금(Independent Living Fund) 삭감으로 인해, 그레이아이에서 근무하는 동안 수화 지원 비용의 일부만 정부 지원으로 충당하고 나머지 비용은 극단이 부담해야 했다. 이처럼 '자유 시장'과 유사하게 접근성 제공을 재분배하면, 장애인 예술가 고용은 추가 비용을 부담해야 하는 값비싼 선택이 된다. 이는 국제 장애 문화의 새로운 성공을 지지하는 접근성 철학과는 정반대이다. [접근성 철학에 따르면,] 국제 장애 문화는 장애인을 고용하고 국가가 추가 접근 비용을 부담하여, 강제적 실업, 장애인의 격리나 시설화와 같은 역사적 (그리고 값비싼) 대안을 피할 수 있다.

관극이 끝나고: 귀가

그날 밤 런던에서, 나는 휠체어를 되찾고 아폴로 극장에서 나와 웨스트엔드 거리로 나섰다. 버스를 타지 않았다. 요새 런던 버스는 접근성이 있지만, 늦은 시간 밤공기를 즐기며 반 정도는 접근할 수 있고 반 정도는 계단이라 오르내릴 수 없는 술집과 카페를 지나갔다. 집으로 돌아가며 길가에서 밤을 지새우는 노숙자들을 지나쳤다. 우리는 가시성 게임, 경찰의 존재, 이동하는 사람, 위험 신호를 의식하며, 아주 자연스럽게 서로를 보지 않았다.

극장 밖 풍경은 극장 안 풍경과 사뭇 다르다. 거리에서는 훨씬 더 많은 배우, 더 많고 다양한 정체성과 경제적·인종적 배경을 가진 사람들을 본다. 사람들 대부분은 '연극'이 특정한 세팅 안에서 발생한다고 생각한다. 하지만 연극을 보고 나온 밤의 길거리에서, 나는 우리가 사는 세팅의 다양한 퍼포먼스에 더 많은 주의를 기울이게 된다. 일상생활의 다양성과 상호 작용에 대한 이런 감수성은 연극이 관객에게 제공하는 중요한 훈련의 일부분이다.

'연극'은 특정 시간적·사회적 순간에서 비롯된 특정 관심의 형성을 의미한다. 〈한밤중에 개에게 일어난 의문의 사건〉을 관람하고 몇 주 후, 아폴로 극장에 불이 나고 발코니가 무너졌다. 부상자가 80명 나왔지만, 다행히 사망자는 없었다. 이는 셰익스피어 시대에 발생한 런던의 대형 극장 화재와도 유사하다. 멀티모달 방식의 작품은 당시 무슨 일이 있었는지에 대한 사람들의 생각에 영향을 미쳤다. 당시 언론 보도에 따르면, 붕괴 전 발코니 한쪽에서 삐걱거리는 소리가 나기 시작하자 몇몇 관객은 그 소음이 공연의 일부, 즉 어떤 실감 나는 촉각적 자극의 하나라고 생각했다고 한다. 치명적인 변화를 겪고 있는 장애적(disabled/disabling) 극장. 이 섹션의 복잡한 결말에 딱 맞는 표현이다.

우리는 연극의 기원을 그리스 원형 극장이나 숲, 사바나의 제의적 집단, 종교 행렬이라고 생각할 수 있는데, (기원이 무엇이냐에 대한 논란은 미뤄두고) 기원 이래부터 연극은 자신을 스스로 재창조해왔다. 장애, 갑작스러운 변화, 취약성, 차이에 대한 호기심, 그리고 형상화한 스펙터클은 연극 이야기의 일부였고 지금도 그렇다.

극장은 많은 이들에게 친숙한 공간이다. 옛 문화와 새로운 문화의 실험실이 되기도 하고, 사람들 속에서 자신을 발견하는 방법이 되거나, 대중 앞에 자신을 드러내는 장소가 되기도 한다. 장애 연극을 만들고 함께 공연을 제작하는 데에는 강력한 변화의 힘이 있다. 미국의 비백인 중심 퀴어 공연 단체인 신스 인벌리드(Sins Invalid)의 공연자 리아 락쉬미 피에프즈나-사마라시냐(Leah Lakshmi Piepzna-Samarasinha)는 한 인터뷰에서 이 극단의 공연을 관람하고 그 일원이 되는 것이 자신에게 어떤 의미였는지 이야기했다. 집, 위협, 위험, 사랑, 그리고 공개적 표현이 모두 뒤섞여 마음을 흔들었다고 말이다.

2008년 처음 신스 인벌리드의 공연을 보고 내 인생이 바뀌었다. 가볍게 하는 말이 아니다. 많은 사람처럼 나도 "이 공연 꼭 봐야 해, 정말 놀랄 거야!"라는 말을 들었다. 하지만 [……] 나는 제대로 이해하지 못했다. 그러다 오프닝 30초 만에 울기 시작했다. 마오리족 휠체어 댄서 로드니 벨(Rodney Bell)이 무대 위 12미터 상공에 매달렸고, 패티 베른(Patty Berne)이 나지막한 목소리로 물었다. "우리가 무섭나요? 만성 질환자? 장애인? 미친 사람? [……] 오늘 밤, 우리는 집으로 돌아갑니다". (밀번Milbern, 2011)

이 섹션에서 우리는 경험으로서의 장애, 사적 존재와 대중 앞에 선 존재가 만나는 장소로서의 장애, 서사로서의 장애에 대해 살펴봤다. 또한 장애인 연기자로서 극장에 가는 것, 대본에 담긴 장애 고정 관념을 다루고 '낯설게 하기'를 탐구했다. 마지막으로, 억압과 혐오를 경험한 같은 시대 사람들 앞에 장애인 연기자로서 무대에 올라 자신을 보여준다는 것이 어떤 의미인지도 알아봤다. 우리 장애인들, 여성, 빈민, 퀴어, 비백인 등 기존 극장 밖으로 소외된 일부 타자들은, 때로는 필요 때문에 연극을 우리의 집으로 삼는다. 때로는 기쁨과 재미를 위해, 때로는 시민 교육의 장으로 연극 무대를 만든다. 그리하여 보통 극장이라는 환상적 연극 노동의 공간을 넘고, 우리가 살아가는 세상을 변화시키기 위해서, 더 넓은 세상을 우리의 집으로 만들고자 한다.

장애 연극
역사 쓰기

현재 시점에서 연극과 장애 분야에 대한 역사적 접근법을 적용한 심층적 연구는 거의 없다. 이 섹션에서는 접근법 네 가지를 살펴볼 것이다. 네 가지 방법 모두 장애의 불안정하고 낙인찍는 명명(naming), 소수자 조직, 억압된 비평적 수용이라는 특수하고 복잡한 연계성을 다양한 방식으로 다룬다.

인프라의 역사

몇 안 되는, 장애 연극 역사에 대한 지속적 심층 분석 사례

중 커스티 존스턴(Kirsty Johnston)의 『스테이지 턴스: 캐나다 장애 연극*Stage Turns: Canadian Disability Theatre*』이 있다. 이 책은 장애 운동에서 촉발된 국가 연극 전통의 출현과 발달에 관한, 책 한 권을 이룰 만큼 방대한 분량의 연구이다. 존스턴은 무대에서 장애와 관련된 인권, 접근성, 미학에 대한 인식의 발전이 캐나다(와 다른 나라)에서는 비교적 새로운 현상이라 말하며, 이를 연대기적으로 기록한다. 존스턴이 추적하는 가장 초창기 연극 역사는 1980년대 중반이다. 1985년 밴쿠버에 캐나다 최초로 장애에 초점을 둔 극단 시어터 터리픽(Theatre Terrific)이 설립되었다. 존스턴은 기존의 미학에 더 초점을 둔 분석가들이 종종 간과하는 연극의 산업적 측면을 세심하게 분석하며, 이 극단이 소규모 교육용 연극에서 오늘날의 수준 높고 정교한 현대 장애 예술로 발전하는 과정을 보여준다. 존스턴은 프로듀서/연출가, 자금 조달 전략 개발, 이사회, 오디션을 위한 특별 포용 정책 등을 중점적으로 살펴본다. 존스턴의 질문과 연구 방향은 연극학자 섀넌 잭슨(Shannon Jackson)이 주목하는 인프라, 공연을 가능하게 만드는 지원의 구조, 국가나 지역 조직 내 창의적 관행의 도입과 결을 같이 한다. 비장애인이 설립하거나 이끄는 단체인지 살펴보면 세

밀한 정보를 얻을 수 있다. 예를 들어, 존스턴은 이사회의 조직과 같은 요소를 장애 연극의 중요한 측면으로 꼽았다. 조직 사이에 어떤 정책이 마련되어야 창의적 측면뿐 아니라 비즈니스 리더십의 전문성 개발을 보장할 수 있을까? 많은 장애인이 연극 단체에 입문할 때 바로 이런 질문과 마주한다. 이러한 질문에 대한 답은 경력 개발과 지속적인 성장만큼이나, 미적 혁신을 위한 극단의 범위로서 중요하다.

존스턴 분석의 또다른 가닥으로 주목할 만한 점은 인프라 문제가 예술적 선택에 어떤 영향을 미치는가에 대한 관찰이다. 1990년대 말 장애 공연 비평이 시작된 이래로, (나를 포함한) 이 분야의 많은 작가는 대체로 배제에 대해 옹졸하다고 느끼며 매우 노골적으로 정치적 미학의 견해를 밝힌다. 그에 비해, 존스턴에게서 발견한 매우 다른 연대기 접근법은 신선했다. 21세기 장애 공연의 붐은 비평가가 기본 원칙을 뛰어넘어 장애인도 예술적일 수 있음을 수용할 수 있게 만들었다. 존스턴은 이를 당연한 사실로 받아들이고, 장애인이 대중에게 어떻게 의미화하는지에 대한 깊이 있는 분석, 즉 장애 공연 비평의 대부분을 특징짓는 초기 10년의 이론적 연구에는 힘을 쓰지 않았다.

존스턴의 조사는 다양한 정치 프로젝트를 망라한다. 그중에 2014년 캐나다 문화 올림피아드 참가작 리얼휠스(Realwheels)의 〈척추Spine〉와 같은 작품이 있는데, 이 작품은 기술적으로 정교한 현대 연극의 미학에서 나타났다. 하지만 여기서 논의되는 다른 작품에서는 비장애인 배우가 장애를 연기한다. 즉, 많은 정치적 공연자들이 혐오하는 '크리핑 업' 연기를 다뤘다. 이러한 작품을 평가할 때 존스턴은 정치적 비난에 초점을 두지 않았다. 대신, 특정 작품의 맥락에서 국가적 '정책'의 전개를 어떻게 이해할 수 있는지 분석한다. 예를 들어, 존스턴은 헬렌 켈러를 다룬 2009년 밴쿠버 플레이하우스(Vancouver Playhouse)의 연극 〈미라클 워커The Miracle Worker〉에 장애인 배우가 한 명도 출연하지 않았다는 점을 지적한다. 존스턴은 이를 단순히 기회를 놓친 것으로만 보지 않고, (다른 지역에서 활동가들이 〈미라클 워커〉 재공연에 항의한 것과 대조적으로) 캐나다의 주류 미디어와 활동가 미디어에서 이런 캐스팅 선택에 관한 관심과 논의가 부족했다고 분석한다. 그리고 존스턴은 이 특정 프로덕션이 어떻게 캐나다 장애인 공연 정치의 중요한 전환점이 되어 활동가들이 접근성 있는 무대로 나아가는 과정과 다른 방향을 모색했는지 설명한다. 밴쿠버 플레이하우스는 캐나다의 선구적인 장애인 문화 단체인 킥스타트 장애 예술 및 문화(Kickstart Disability Arts and Culture)와 파트너십을 맺고 장애인 관객에게 오디오 해설 접근성을 제공했다. 이 공연의 활동가들과 장애인 예술가들의 공연 참여에서 중점을 둔 부분은 반감과 변화에 대한 요구가 아니라 관객 개발, 즉 새로운 세대의 극장 관객이 스스로 무대라는 더 넓은 장치의 일부임을 이해할 수 있도록 하는 것이었다. 당연히, 이는 장애인이 배우가 되어, 직접 무대 바닥을 발로 딛거나 휠체어를 타거나 절뚝거리며 무대에서 활동할 수 있는 풀뿌리 환경을 조성하는 중요한 단계다.

존스턴은 정신 질환에 초점을 맞춘 극단 워크맨 아츠(Workman Arts)도 분석한다. 또한 박사 학위 논문에서 워크맨 아츠에 관해 광범위하게 다루었고, 2003년 이 극단이 조직한 토론토 국제 광기와 예술 세계 페스티벌(Madness and Arts World Festival)의 연구자 및 교육 코디네이터로도 활동했다. 존스턴은 이 극단이 무대화한 특정 공연 행사로 독자를 안내한다. 실제 공연이 아니라 공연 후 관객과의 대화, 즉 토크 백(talk-back)에 독자를 초대하여, 극의 구조와 내재화, 프레임에 따라 연극 참여가 어떻게 결정되는지 보여준다.

독자들은 극단의 기원에 대해서 배운다. 극단은 1980년대 말 정신과 간호사인 리사 브라운(Lisa Brown)이 조직하고 당시 퀸 스트리트 정신 건강 센터(Queen Street Mental Health Centre)에서 개최된 재능의 밤 시리즈에서 시작해서, 1988년에 정식 설립되었다. 활동가에게 이런 종류의 정보는 중요하다.

이 책에서 연구한 많은 극단이 직면한 중요한 문제는 단체의 주요 동력인 인건비이다. 예술 감독으로서 브라운은 모든 구성원에게 최소한 최저 임금을 지급하길 바랐지만, 병원의 기존 직장 구조상 불가능했다. (2012, 52쪽)

이런 종류의 정보는 정치적 맥락에서 중요하다. 어떤 정책에서는 특정 자금 구조와의 연계성이 다른 정치적 표현으로 이어지기 때문이다. 예를 들어, 치료 또는 정상화에 중점을 둔 치료 기관의 전제 조건에 부합하여 조직되고 자금 지원을 받는 극단의 미학과 자기 이해는 자주적이며 자기 주도적으로 조직된 단체와는 필연적으로 다르다. 존스턴은 극단 기본 운영 지침의 구체적 구성에서 극단 워크맨 아츠가 미디어 관계를 맺는 방식, 작품에 관해 이야기하는 방식, 조직적 구조,

교육, 그리고 멤버십 운영을 분석하여, 독자들이 살아 있어 변화하는 연극 단체의 유기적 조직에 대해 이해하도록 돕는다.

존스턴은 특정 공연들에 대해 논의하면서, 스테이지 레프트(Stage Left)의 2003년 작품 〈안락사 또는 살인: 트레이시 라티머 이야기Mercy Killing or Murder: The Tracy Latimer Story〉의 접근 방식을 살펴본다. 여기서 존스턴은 캐나다 여섯 개 도시에서 3만 명 이상이 관람한 리얼휠스의 2007년 작품 〈스카이다이브Skydive〉의 접근 방식과 비교한다. 스테이지 레프트는 아버지에 의해 살해된 14세 소녀 트레이시 라티머 사건과 그에 따른 사법 절차를 다룬다. 이 공연은 법정 절차를 활용한 다큐멘터리 드라마 기법과 혁신적인 훈련 방법을 사용하여, 장애인과 비장애인 배우가 협력하여 연기할 수 있도록 했다. 이런 훈련 방법은 평등한 작업 방식에 관심이 있는 다른 극단들에 풍부한 영감을 줄 수 있으므로, 일부 방법을 길게 인용한다.

이러한 [방법에는] 극작 연구팀이 창작한 핵심 주제와 아이디어를 읽는 데 어려움이 있는 공동 작업자들에게 쉬운 언어로 전달하는 것이 포함된다. 공연의 규모와 인원이 확장되면서 발생하는 일부 장애인 배우들의 자신감 저하를 해결하기 위해 '집중적 기술 훈련 기간'을 마련하고 전문화한 배우 교육을 시행한다. [……] 배우들의 스트레스 관리법을 지원하고, 리허설 장소까지 오가는 택시 서비스를 제공하여 배우들이 더 많은 휴식을 취할 수 있도록 한다. 제작 과정에서 문해력이 부족한 배우들은 그림과 기호로 구성된 코드 시스템을 이용해 연기를 지도받는다. 한 배우에게는 녹음한 대본을 통해 대사를 익힐 수 있도록 CD를 제공했고, 다른 배우에게는 대사를 잊어버릴 염려를 덜 수 있도록 법정 속기사 역할을 맡기고 대사가 담긴 책을 소품으로 준비했다. (110쪽)

이런 혁신은 관객에게 친근하게 접근하는 제작 스타일과 합쳐져서, 공연 끝부분에 살해당한 트레이시를 위한 추모 집회에 관객이 직접 촛불을 들고 참여하도록 유도하여 공연의 일부가 되게 만든다.

존스턴은 이 다큐멘터리 드라마 형식의 〈안락사〉를 〈스카이다이브〉와 비교한다. 〈스카이다이브〉는 지체 장애인과 비장애인 배우들이 무대 위에서 상상력을 발휘하고 신체적으로 동등하게 접근할 수 있는 무대 장치와 좀더 전통적인 자연주의 대본을 결합했다. ES 댄스 인스트루먼트(ES Dance Instrument)라는 무대 장치는 지렛대에 긴 막대를 달아 배우의 몸을 묶을 수 있는데, 이를 통해 이동성을 확대하고, 옆돌기, 제자리 비행, 기타 반중력 묘기를 할 수 있게 만든다. 존스턴은 공연 기간 동안 시행된 관객 설문 조사를 살펴보고, 장애에 대한 관객의 태도에 변화가 있었는지 관측하여 다음과 같은 결론을 내린다.

장애를 감추고 드러내는 〈스카이다이브〉의 접근 방식은 장애에 대한 대중의 태도를 점검하는 장을 열었다기보다는 장애 연극 예술가가 자신의 예술성, 신체성, 상상력과 재능을 보여줄 수 있는 장을 만들었다고 볼 수 있다. 아마도 분명 이는 장애인 배우에 대한 관객의 기대를 변화시키는 더 미묘한 수단이었을 것이다. (119쪽)

두 작품에 동등한 관심을 기울이고, 작품의 줄거리와 연극적 표현의 다양한 수단을 활용하는 이런 연극사 접근법은 장애인들이 세상을 변화시키기 위해 탐구하는 다양한 경로를 강조한다.

극장 역사: 단일 극단

장애학의 발전은 개별 극단의 역사에 대한 중요한 자료를 찾을 수 있다는 의미이다. 앞서 영국 그레이아이 극단의 창립에 대한 톰린슨의 의도와 루이스의 선집에 관해 설명했다. 루이스의 선집은 신진 장애인 극작가와 배우에게 활동 공간을 제공한 로스앤젤레스 마크 테이퍼 포럼에서 자신이 20년 동안 어더 보이시스 프로젝트를 이끈 이야기를 담고 있다. 단일 극단의 역사를 다룬 다른 자료로는 1950년대 뉴욕시에서 설립한 미국 국립 청각 장애인 극단(US National Theatre for the Deaf)에 대한 스티븐 볼드윈(Stephen Baldwin)의 이야기가 있다(1994 출간). 또다른 역사 자료로 대본 카탈로그가 있고, 이 자료를 통해 학자와 실무자가 쇼의 공연 대본에 접근할 수 있다. 그럼으로써 특정 연극이 어떻게 탄생했는지, 무대에서 어떻게 재현되었는지에 대한 정보를 접할 수 있다.

백투백 시어터(Back to Back Theatre)는 호주의 전문 연극 극단이다. 극단 웹사이트에 극단에 대한 소개가 있다. '백투백의 앙상블은 완벽함과 외과적으로 향상된 아름다움에 집착하는 문화 속에서 진정한 소외자인, 지적 장애가 있다고 인지된 배우들로 구성된다.'(http://backtobacktheatre.com) 최근 몇 년 동안, 이 극단은 현대 공연 앙상블 중 가장 큰 화제를 불러일으켰고, 국제 페스티벌을 순회하며 공연을 이어가고 있다. 이런 단체로는 스위스의 시어터 호라(Theatre HORA), 뉴질랜드의 디퍼런트 라이트 시어터 컴퍼니(Different Light Theatre Company), 프랑스의 라 콩파니 드 로소 무슈(La Compagnie de l'Oiseau-Mouche), 영국의 마인드 더 갭(Mind the Gap), 더 시스터스(The Shysters), 시르프 이스트위스(Cyrff Ystwyth), 네덜란드의 마트베르크(Maatwerk) 등이 있다. 백투백 시어터는 지적 장애가 있는 단원들로 구성된 다른 단체들과 함께하며 장애 연극의 새로운 미학을 보여준다.

백투백 시어터는 헬레나 그레한(Helena Grehan)과 피터 에커설(Peter Eckersall)이 엮은 연극 모음집 『우리는 공연하는 사람들이다We're People Who Do Shows』(2013)에 작품이 실린 몇 안 되는 극단이다. 이 책에는 「작은 금속 오브제small metal objects」, 「푸드 코트Food Court」, 「가네샤 대 제삼 제국Ganesh Versus the Third Reich」 등 백투백이 창작한 연극 대본이 수록되어 있다. 각각의 작품은 괴롭힘, 간호와 마약, 역사와 권력에 대한 탐구를 다룬, 창의적이며 강렬한 쇼로 관객에게 깊은 인상을 남겼다.

이 극단의 작품은 혁신적인 무대 세트, 특이한 관극 방법과 함께 상당히 시각적인 특징이 있다. 극단의 작품 중 〈작은 금속 오브제〉는 전통적 프로시니엄 무대를 벗어나 쇼핑몰 내부에서 진행된다. 관객은 관람석에 앉아 헤드폰을 통해 배우들의 소리를 듣는다. 배우들은 눈에 띄지 않게 쇼핑객들 사이를 움직이며 연기를 한다.

〈푸드 코트〉에서 백투백 시어터는 실험적인 재즈 트리오 더 넥스(The Necks)와 협업하여, 교외의 쇼핑몰에서 시작해서 어두운 숲과 무서운 장소로 이어지며 젊은 여성이 잔인하게 괴롭힘을 당하는 모습을 묘사하는 곡을 만들었다. 언어폭력은 교향곡처럼 들리는 수준에 이른다. '뚱뚱한 사람 뚱뚱한 머리 뚱뚱한 얼굴 뚱뚱한 귀 뚱뚱한 골격 뚱뚱한 이슬람교도 뚱뚱한 역사 뚱뚱한 구더기 뚱뚱한 짐승 뚱뚱한 암 뚱뚱한 나라 뚱뚱한 뼈 뚱뚱한 괴물 뚱뚱한 마녀.' 이 주문 같은 단어들을 통해 극단은 다양한 종류의 두려움을 드러내며, 논란을 피하지 않는다. 백투백 시어터의 대부분 작품에서 배우들은 아픈 곳에 손가락을 가져다 대고 찌른다. 숨겨지든 드러나든, 폭력은 종종 이 극단이 작업하는 핵심적 주제이다.

이 책에는 연극 대본뿐 아니라, 이미지와 작품 창작 과정에 대한 다양한 통찰을 담은 텍스트들이 실려 있다. 텍스트 외에 창의적인 작업에도 초점을 맞췄는데, 한 섹션에서는 디자이너를 인터뷰하고, 다른 섹션에서는 극단의 방향을 제시한 다양한 (비장애인) 연출자들과의 그룹 활동을 도표로 정리한다.

드라마 과정 선임 강사 요니 프라이어(Yoni Prior)의 에세이는 독자에게 실제 리허설 공간을 방문하는 경험을 선사하고, 앙상블과 연출이 어떻게 작업하는지 간략하게 엿보게 해준다. 프라이어는 에이전시와 소유권에 대한 많은 질문에 답을 제공할 뿐 아니라, 공연 소재가 어떻게 전개되는지 파악하는 통찰력을 제시한다. 비정상적으로 길고 느린 작품 개발 일정과 모든 공연 결정에 대해, 면밀하고 반복적인 검토를 하고 새로운 형태의 접근 가능한 구성을 창조한다. 프라이어는 독자에게 이렇게 단언한다.

마침내 작업이 끝나고, 극단은 그 작품이 그들에게 어떤 의미를 갖는지를 명확히 한다. 이는 아티스트들이 작품에 대한 격렬한 반응에 대비할 마음의 준비를 시킨다. 백투백 시어터는 집단(collective)이 아닌 앙상블이다. 장애인 예술가들은 자신의 관심사와 상상을 탐구하는 과정을 통해 작품의 내용을 만들어내고, 즉흥적으로 만든 소재를 충실히 옮겨 공연으로 형체를 갖춘다. 이들의 편집권은 제한적이기는 하지만, 이는 연출가를 고용한 모든 앙상블에서도 적용되는 라이선스와 명확하게 동일하다. (그레한과 에커설, 2013, 214쪽)

다른 현대 연극 연구 중에는 지적 장애가 있는 단원이 함께하는 앙상블 작업에 초점을 맞춘 것도 있다. 맷 하그레이브(Matt Hargrave)의 『학습 장애 연극: 좋음, 나쁨, 또는 명백한 추함 *Theatres of Learning Disability: Good, Bad, or Plain Ugly*』(2015)은 영국 극단 마인드 더 갭의 공연 〈더 모스 볼 The Moth Ball〉을 소개하면서 시작한다. 이 연구는 학습 장애 연극의 시학에 관한 것이며, 학문적이고 비평적인 탐구에서 벗어나 인지적으로 다르게 여겨지는 사람들의 작업을 이야기한다. 저자는 자신이 '15년 동안 장애 예술가들과 전문적 관계를 맺어왔고, 그 이전에는 기숙사형 특수 학교에서 돌봄 보조사로 일했다'(9쪽)며, 이 분야에 관여한 자신의 위치를 조심스럽게 언급한다. 또한 자기 의붓아들이 진단받은 학습/인지 장애와 관련한 돌봄 분야 경험에 관해서도 이야기한다. 자신의 이해관계와 경험을 투명하게 드러냄으로써 자신을 스스로 규명하는 것은 이 분야의 많은 현대 작가들에게 중요하다. 하그레이브는 마인드 더 갭의 공연을 심층적으로 분석하며, 하퍼 리(Harper Lee)의 작품을 현대 요크셔 배경으로 개작한 〈앵무새 죽이기, 부To Kill a Mockingbird, Boo〉(2009)의 극작법 분석을 덧붙인다. 원작의 미국 남부에 사는, 잠재적인 장애가 있는 백인이자 은둔자이고 신비로운 이웃인 부 래들리의 관점을 현대 무대로 옮겨와 이야기를 전개한다. 하그레이브는 프로이트의 기괴함 혹은 언캐니(uncanny) 개념을 사용하여 극단의 작업을 설명한다. 극단은 고전 텍스트와 상호 작용하고, 대중적 상상 속에 각인된 일련의 고정 관념과 인종 차별적 장애 이야기를 탐구하여 이중성과 암시를 보여준다.

극장 역사: 프릭 쇼

장애 공연 역사에 대한 비평이 가장 활발하게 나타나는 분야는 바로 프릭 쇼 혹은 괴기 쇼 현장이다. 수많은 학자, 역사가, 예술가, 활동가들이 프릭 쇼의 역사 연구에 관여한다. 이들은 풍부한 시각적 아카이브, 역사 기록과 현대의 리바이벌 공연을 통한 공연 엿보기에 관심을 드러낸다. 그리고 프릭(괴기, 기형)과 '정상인'의 구분 점으로 프릭 쇼의 근간이 된 인종화, 장애화, 계급화한 분류의 교차적 역사에 흥미를 보인다. 프릭 쇼를 통해, 경계에 있고, 불안정하며, 신기하고 자극적인 타자가 카니(카니발 전시자)의 스토리텔링에서부터 뉴욕시의 인어 퍼레이드에 이르기까지 다양한 형태를 이루며 공개적으로 등장한다. 프릭 쇼는 반문화 식별(counter cultural identification)의 기준점이지만, 종종 매우 억압적인 역사적 관행에 기반을 두고 있다. 프릭 쇼 이론가들은 프릭 쇼 시스템에서 장애인이 가졌던 상대적 행위 주체성(agency)에 대해 논의한다. 프릭 쇼는 장애인이 생계를 유지하고, (프릭 쇼 학계의 저명한 역사가이자 편집자인 로즈메리 갈런드 톰슨의 표현을 따르자면) 비범한 신체(extraordinary boides)를 공공장소에서 공개적으로 드러내고 생활할 수 있는 공간이었다. 그러나 이 공간은 납치된 신체가 별난 것으로 취급되고 착취당하는 곳이기도 했으며, 자아와 타자에 대한 문화적 관념을 공고히 하는 장소이기도 했다. 이런 이야기를 다루는 고전적 연극 텍스트로는, 수전 로리 파크스(Suzan Lori Parks)의 연극 〈비너스〉(1996)

와 버나드 포머런스(Bernard Pomerance)의 〈엘리펀트 맨〉(1977)
이 대표적이다. 〈비너스〉는 호텐토트 비너스(Hottentot Venus)
라고 불리던 세라 바트먼(Sarah Baartman)에게 초점을 맞춘다.
세라 바트먼은 생전에도 파리와 런던의 박물관에 전시품처
럼 전시되었으며, 사후에도 보존 처리한 생식기와 엉덩이가
전시되었다. 포머런스는 〈엘리펀트 맨〉에서 빅토리아 시대
영국에 실존한 코끼리 인간 조지프 메릭(Joseph Merrick)에게
초점을 맞춘다. 두 작품 모두 캐스팅 선택에 대해 생각하고,
장애, 인종, 젠더를 복잡한 권력 관계 속에 얽힌 사회적 구성
물이자 경험으로 토론할 흥미로운 기회를 제공한다.

1996년 로즈메리 갈런드 톰슨이 편집한 〈프릭커리Freakery〉
컬렉션은 다양한 프릭 쇼 접근법들을 한데 모은 책으로, 프
릭 쇼 학자들에게 중요한 기초 텍스트이다. 다른 연구로, 카
슨 매컬러스(Carson McCullers), 토니 모리슨(Toni Morrison), 캐
서린 던(Katherine Dunn)과 같은 작가들에게 초점을 맞추어
문화와 문학적 분석을 다룬 레이철 애덤스(Rachel Adams)의
2001년 연구가 있다. 또한, 영국 공연 예술가 맷 프레이저
(Mat Fraser)와 그의 프릭 쇼, 그리고 손가락 결손증을 가진 랍
스터 보이(The Lobster Boy) 페르소나를 재구성하면서 나타난 프

릭 쇼의 현대적 반향에 대한 나의 연구(쿠퍼스, 2003)도 있다.

극작법 교수인 마이클 케머스(Michael Chemers)는 자신의 저서 『스테이징 스티그마 *Staging Stigma*』(2008)에서, 장애학의 문화적·역사적 분석이 어떻게 '공공 속의 장애'를 새롭게 읽을 수 있는지 보여준다. 그의 에세이는 빅토리아 시대 유명한 국제적 스타로, 작은 키 때문에 톰 엄지 장군으로 불리던 찰스 셔우드 스트래턴(Charles Sherwood Stratton)과 같은 인물의 삶과 대중적 수용에 관해 설명한다. 케머스는 유명한 인물에 관한 역사적 맥락의 탐구에 더하여, (단순) 착취 또는 (단순) 초기 장애 문화의 현장인 프릭 쇼에 대한 비난이나 찬사를 복잡하게 만든다. 그는 당대 사설을 통해 스트래턴에 대해 논의한다. 그 사설은 1863년 스트래턴이 키 작은 동료 스타이자 연기자인 래비니어 워런 범프(Lavinia Warren Bump)와 결혼하자 대중이 열광하는 모습을 외설적이라고 비난했다. 케머스는 당시 사람들이 프릭 쇼 공연자들을 어떻게 바라봤으며, 이러한 전시로 인해 어떤 문제가 발생했는지를 논의한다. 케머스는 스트래턴의 전기, 그가 출연한 공연의 성격, 미국과 영국의 신문 보도를 면밀하게 분석하여, 스트래턴을 두고 구축된 스트래턴의 신분과 스타 비히클, 그의 에

로티시즘과 성적 매력, 높다고 인식된 지능적 면모, 요란한 신체적 보이기 등을 설명한다. 케머스는 스트래턴과 다른 배우들이 미국 연극사에서 상대적으로 소홀히 다뤄진 것은 프릭 쇼 연기자들의 자질 부족 때문이 아니라, 미국 예술의 정전에 포함되어야 할 것과 포함되어서는 안 될 것을 나누는 왜곡, 즉 저급문화 대 고급문화의 지위에 대한 왜곡 때문이라고 말한다.

케머스는 책의 다른 장에서 다윈 이론과 프릭 쇼 무대 사이의 관계에 초점을 두고, 미국인이 갖는 '호기심'의 전형적 전시장이자 '미국에서 가장 광범위하게 후원받는'(1865년 7월 14일 「뉴욕 타임스」, 케머스, 69쪽 재인용) 바넘 미국 박물관(Barnum's American Museum)을 분석한다. 그리고 이 박물관이 어떻게 다윈 용어를 통합하여 권위와 존경을 얻는지 보여준다. 바넘 미국 박물관에서는 종교적 경외심과 과학적 호기심의 메아리, 개신교 절제 운동의 도덕화, 새로운 것의 스릴이 '잃어버린 연결 고리missing links', 희귀 동물, 다른 부족, 기괴한 신체의 스펙터클로 모두 합쳐진다. 케머스는 프릭 쇼가 어떻게 설교와 강연, 자연사와 서부 개척의 이데올로기 복합체를 만들어내며, 제국주의 환상과 신화를 형성하는 데 이바

지했는지 보여준다.

많은 공연자는 본인들에게 부여된 명칭이 담고 있는 담론적 함의(connotations)와 과학주의, 의료화가 자신들의 직업에 가져온 변화를 잘 알고 있다. 케머스는 1899년 런던에 기반을 둔 많은 프릭 쇼 공연자들이 파업을 벌이고, 홍보할 때 (지금은 의학적 의미를 내포한) '프릭'이라는 용어를 없애기 위한 캠페인을 시작하게 된 과정을 설명한다. 그리고 그들은 우생학적 담론에서 사용하는 '결함defectives'이라는 특성에 오염되지 않은 '경이prodigies'라는 용어로 '프릭'을 대체하는 데 성공했다. 20세기 프릭 쇼가 경제적으로 쇠퇴하기 전까지, '프릭의 반란은 프릭 쇼 황금기의 마지막 논란이었다'(101쪽). 케머스는 1990년 사망할 때까지 쇼를 계속할 수 있게 해달라고 소송을 제기한 '개구리 소년' 오티스 조던(Otis Jordan)을 둘러싼 논란을 통해, 20세기 프릭 쇼의 쇠퇴를 설명한다. 사회학자 로버트 보그던(Robert Bogdan)은 1988년 저서 『프릭 쇼 Freak Show』에서, 쇼의 비하적인 스펙터클을 종식하려는 장애인 인권 운동가들과 조던이 어떻게 충돌했는지 연대순으로 기록한다. 그리고 케머스는 이 논쟁을 수정 보완하여, 양측의 입장과 충돌 상황이 어떻게 변화하는지 미묘한 논의를

연극 그리고 장애

제시한다.

일탈: 어느 장애인 공연 제작자의 개인사

물리적·감각적·경제적 장벽이나 (타자와) 장애인을 '시민'으로 인정하지 않았던 사회적 상상의 장벽으로 인해, 역사적으로 많은 장애인은 주류 속으로 접근할 수 없었다. 이런 장벽 때문에 대부분 장애인 공연은 변두리, 솔로 공연, 독특한 공간에서 이루어진다. 일반적으로 라이브 아트(Live Art)와 공연은 별개의 세상을 만들기를 꺼리는 연극적 노동의 영역이다.

내 연극 개발도 이런 공간으로 옮겨 갔다. 이 섹션에서는 장애 문화 세계가 나를 어떻게 형성했고, 내가 장애 문화 세계를 어떻게 형성하고 있는지에 대해 간략하게 이야기하겠다. 내가 처음으로 연출한 드라마는 1990-1991년 퀼른 대학 극장에서 공연한,『프랑켄슈타인*Frankenstein*』각색 작품이었다. 기꺼이 나와 작업하고자 했던 학생, 노숙자, 노동자로 구성된 혼합 앙상블과 함께, 나는 1년 동안 신체 연극 워크숍에 참여했다. 우리는 메리 셸리(Mary Shelley)의『프랑켄슈

타인』을 독일어로 번역하고, 쾰른 오페라에서 대여한 의상을 입고 쇼를 무대에 올렸다. 더욱 연극적 장면 사이사이 괴물(monster)이 감각을 느끼게 되는 과정을 '연기'하여, 괴물 자신의 감각적 신체, 환경과 공유된 공간을 탐색했다. 무용, 신체 예술(body art), 연극 사이의 차이는 근소했기에, 이 독특하고 오랜 작업 방식은 1980년대 독일 연출가의 연극계에서 제도적 지원을 받을 수 있었다.

내 두번째 작품은 또다른 장애 드라마인 게오르크 뷔히너(Georg Büchner)의 『보이첵Woyzeck』을 각색한 공연이다. 이 작품은 의료진 앞에 표본처럼 전시되고 나서 살인자가 된, 장애 군인의 이야기를 다룬다. 이 공연은 언어와 몰입의 해체에 더 가까웠다. 나의 앙상블은 영국 워릭대학교(Warwick University)의 영국 관객을 대상으로, 헤센 독일어 원어로 작품을 공연했다. 이 공연은 극적인 장면, 라이브 타악기, 첼로가 한데 어우러져, 정통 연극이라기보다는 오페라에 더 가까웠다. 독일어를 이해하는 관객이 많지 않다는 사실을 잘 알았지만, 우리는 발음에 집착하며 작업했다. 우리의 격렬함에는 초현실주의와 비슷한 특성이 있었다. 나는 점점 더 사실주의 드라마에서 멀어지고 무용과 퍼포먼스의 가장자리 영역으로 옮겨갔고, (접근하기 어려운) 무대 환경에서 벗어나 공원, 길거리, 주차장에서 작업했다. 몇 년 동안 매주 워크숍을 진행한 끝에, 웨일스의 정신 건강 시스템을 경험한 생존자들과 함께 작업하여 1996년 장애인 예술가들의 공동체 올림피아스(Olimpias)를 설립했다. 그 이후로 올림피아스는 우리가 취한 방식으로 워크숍과 참여형 공연을 활용하는 국제적인 단체로 성장했다. 또한, 몽타주 형식의 다중 음성 공연 에세이를 출판하여, 변화하는 세상에서 더 폭넓은 청중에게 다가가는 한편, 복잡한 장애 경험을 표현하기 위한 보급 도구로 활용하고 있다.

이런 초기 활동은 내 공연 예술 작업의 토대가 되었을 뿐 아니라, 공연 이론과 장애 연구 분야에 대한 나의 첫 연구서 『장애와 현대 공연: 경계에 선 몸*Disability and Contemporary Performance:Bodies on Edge*』(2003)의 기초를 이루었다. 이 책에서 나는 영국, 오스트리아, 캐나다, 독일, 미국을 비롯하여 기타 지역의 장애 공연에 대해 면밀하게 분석했다. 그리고 칸도코 댄스 컴퍼니(CandoCo Dance Company), 배우 맷 프레이저, 프랑스의 로소 무슈 극단 등 국제적으로 장애 예술 분야에서 활동하는 많은 연기자와 단체를 집중적으로 조명했다. 나는 이런 공연자들이 '알 수 없음unknowability'을 정치적 수단으로 동원하는 방식에 초점을 맞춘다. 사회 속에 존재하는 장애에 대한 고정 관념과 낙인(stigma)을 염두에 두고, 이들 장애인 예술가들은 관객이 보고 경험하여 의미를 구성하는 방식을 교묘하게 조작하여, 관객이 스스로 장애에 대해 재고하도록 유도한다.

내 두번째 책은『가시성의 흉터: 의료 퍼포먼스와 현대 아트 *The Scar of Visibility: Medical Performances and Contemporary Art*』(2007)이고, 이 책에서는 의료 환경에서 창작된 예술에 대해 논의한다. 구체적으로 사람들의 이야기를 다루는 커뮤니티 연극, 의료 시스템의 설비를 구체적으로 다룬 암 생존자의 공연, 과학 소설 서사, 과학 예술 등이 있다.

나의 가장 최근 연구인『장애 문화와 커뮤니티 퍼포먼스: 이상하고 뒤틀린 형상 찾기 *Disability Culture and Community Performance: Find a Strange and Twisted Shape*』(2011)에서는 올림피아스의 작업 방식, 작업하는 사람들과 함께 공연을 창작하는 방식, 다양한 종류의 지식을 표현하는 도구로 다중 음성 몽타주 텍스트를 사용하는 방식에 초점을 둔다. 임시 공동체를 형성하고, 인종, 젠더, 계층화한 장애 차이가 교차하는 세계에서 정체성 정치와 연대에 의문을 제기함으로써, 공연이 어떻게 효과를 발휘하는지에 대해 생각하는 방식으로서 '문화하기culturing'를 논의한다.

그 과정에서 입문서도 집필했다. 커뮤니티 그룹이 공연을 제작하는 방법(2007)에 대한 지침서, 예술 기반, 주로 공연 기반 작업을 통해 떠오르는 분야인 장애 예술과 문화를 가르치기 위한 실제 연습법(2013)에 대해 저술했다.

이 책의 초반에 소개한 접근성과 인프라라는 주제와 함께, 어떤 직업을 가진 누구에 관하여 글을 쓸 것인지에 대한 나의 선택은 [휠체어 사용자인] 내가 접근할 수 있는 것이 무엇인지와 많은 관련이 있다. 많은 극장과 연극 워크숍, 무용 테크닉 수업 등이 휠체어 사용자에게는 닫혀 있었다. 이런 여건에서 누가 '리더십'을 발휘해야 하는지, 그리고 누가 참여자인지는 분명했다. 1990년대 '장애 연극'으로 유명한 비장애인 연출가가 워크숍을 두 차례 진행했는데, 이에 대해 아직도 생생하게 기억한다. 하나는 '커뮤니티'를 위한 워크숍이었고, 다른 하나는 워크숍을 이끄는 전문가를 위한 워크숍이었다. 주최 측에 항의했지만, 첫번째 워크숍만 물리적으로 접근성 있는 장소에서 열렸다. 이런 경험을 겪고, 나는 이 연출가의 작품에 대해 글을 쓴 적이 전혀 없다. 이는 학술적 설명에서 그의 이름을 밝히거나 남기지 않으려는 일종의 정치적 의도이다.

배제의 이슈와 그 이슈들이 전문성 개발과 네트워킹에 미치는 영향은 오늘날에도 여전히 이 분야에서 핵심 논제이다. 현재 여러 워크숍을 이끄는 사람으로서, 나는 이 분야의 비장애인 리더들에게 다소 불편한 조언을 하고 싶다. 당신이 장애 분야를 위한 자금 지원을 받는다면, 당신의 다른 작품, 즉 비장애가 중심인 작품이 접근 불가한 공간에서 공연된다고 할 때 이를 거절하는 건 어떨까? 접근이 불가한 이런 공간에서 맺을 수 있는 소중한 네트워킹을 포기하는 게 어떨까? 당신이 들어갈 리허설 장소, 스튜디오, 극장에 모든 사람이 접근할 수 있도록 보장하고, 누가 어떤 공간에 있는지 더 세심하게 살펴보는 것은 어떨까? 이것이 활동가의 자세다. 누가 그 공간에 있고, 들어올 수 있으며, 대화에 (구두로든 다른 방식으로든) 참여할 수 있는가? 당신이 장애인 공연으로 생계를 유지하거나 삶을 이어가고 있다면, 당신은 얼마나 적극적으로 사람들이 더 많이 접근할 수 있는 인프라를 형성하는 데 실천적 노력을 기울이고 있는가?

라이브 아트 역사

많은 라이브 아트와 퍼포먼스는 극장과 스튜디오, 갤러리의 사이 공간 속에서 이루어진다. 많은 예술가/작가 들이 흥미로운 방식으로 기록물과 소통하며, 예술과 비평적 글쓰기의 혼합 영역에 개입(intervention)하여 작품을 발표한다. 이러한 예술적 개입에 대한 저술 중 케이든(Lois Keidan)과 미첼(C. J. Mitchell)의 공저 『모든 영역에 접근한다 *Access All Areas*』(2012)가 있다. 이 책은 그 자체로 예술적 오브제라도 되는 듯 촉감적 묶음으로 내 손에 도달했다. 두꺼운 골판지 커버와 파란색 금속 스프링으로 제본한, 유쾌하고 잡다한 이야기 모음집이었다. 책을 펼쳐, 보물 찾기 하듯 책날개•를 묶은 벨크로 버튼을 조심스럽게 풀어야 한다.

표지에는 젊은 백인 남성 퍼포먼스 아티스트 마틴 오브라이언(Martin O'Brien)이 벌거벗은 채 금가루를 뒤집어쓰고 작은 샘플 통에 침을 뱉는 모습이 실려 있다. 나는 거부감과 끌림을 동시에 느낀다. 금빛의 화려함이 돋보이는 이미지와 함

• 책 표지를 안쪽으로 접어놓은 부분.

께, 침, 가래, 점액에 속이 울렁거리는 의학적 소재가 뒤섞여 흥미를 유발한다. 오브라이언은 베테랑 퍼포먼스 아티스트 밥 플래너건(Bob Flanagan)의 유산을 이어받아 작업을 하고 있고, 플래너건의 공동 작업자인 셰리 로즈(Sheree Rose)와도 협업한다. 플래너건과 마찬가지로 오브라이언도 낭포성 섬유증(cystic fibrosis)을 앓고 있다. 점액을 뱉어서 기도를 깨끗하게 정리하는 것은 일종의 생존 기술인데, 오브라이언은 이를 성적이고 관능적인 신체 예술 행위로 변형시켰다. 아방가르드 장애 예술의 세계에 온 것을 환영한다. 이 예술 세계는 명확하고 메시지가 가득한 자부심(pride) 예술 컬렉션이 아니다.* 여기에는 영감도 없다. 다만, 독자/관람자/포장을 뜯는 사람이 미지의 영역에서 스스로 의미를 만들고 놀이하도록 도전받는다.

이 책에는 영국에 기반을 둔 공연자들의 라이브 아트 이벤트에 대한 문서 기록이 풍부하고, 라이브 아트 이벤트와 비디오 작품이 담긴 DVD 두 편도 포함되어 있다. 두 DVD 모두 수업에서 활용하기에 훌륭한 자료이다. 미국에서 '라

---

* 저자는 collection of pride art라고 서술한다. 맥락상 여기서 pride art는 LGBT art를 의미한다.

이브 아트'라는 용어는 익숙하지 않다. '라이브 아트'라는 작업은 퍼포먼스 아트, 조각 실제, 시각 예술 담론에서 비롯되었지만, '구식' 퍼포먼스 아트에 비해 연구와 이론적 요소가 더 강하다. 런던의 라이브 아트 개발 에이전시(The Live Art Development Agency)는 '라이브 아트'라는 명칭으로 제작된 다양한 자료를 보유하고 있는데, 『모든 영역에 접근한다』는 이런 자료를 모으고 정리하여 수준 높은 문화 실천의 핵심 자료로 자리 잡았다.

이 3세대 장애 예술 작품은 더이상 자부심이나 주류 미학으로 진입하는 데에 관심을 두지 않는다. 내가 강의실에서 알게 되었듯, 장애 예술의 문화 자본이 꽤 많이 축적되어야 일부 작품을 이해할 수 있다. 내 학생들은 종종 (매우 생산적이고 흥미롭게도) 자신들이 보는 작품들에 충격을 받았다. 그 작품 중 장애인 아방가르드(The Disabled Avant-Garde)가 발표한 〈놀라운 예술Amazing Art〉(2009)은 '교활한 모큐멘터리sly mockumentary'로 묘사된다. 〈놀라운 예술〉은 장애인 자선 예술 시장과 예술 활동에 참여하는 장애인을 오늘날 예술위원회의 신자유주의적 의제에 따르는 '기업가', 혹은 치료에 종사하는 자상한 사람으로 조롱한다. 이 영상에서 우리는 장애 예술계 베테랑인 애런 윌리엄슨(Aaron Williamson)과 캐서린 애러니엘로(Katherine Araniello)가 표현하는, 초현실에 근접한 행위를 본다. 전문 치료 장애 예술 워크숍에서 가끔 등장하는, 다소 당황스러운 점토 오브제 아트에 가까운 행위이다. 해설자는 영감을 주는 놀라운 예술가들에 대해 매우 생색내는 용어를 사용하며 주절주절 설명한다. 그리고 윌리엄슨이 귀에 굵은 연필을 꽂고 그림을 그리는 모습을 '청력 손실을 보완'하기 위해서라고 설명한다. 애러니엘로는 짙은 갈색을 띤, 흉물스러운 점토 재떨이를 만든다. 이 예술가들은 슈퍼마켓에서 구매한 잼을 새 통에 옮겨 담고, 아트 페어에서 관람객에게 잼을 사도록 강요한다. 해설자는 이들의 용기와 패기에 대해 칭찬한다.

내가 맡은 장애 문화 수업에 들어온 학생들이 장애인 아방가르드의 비디오에서 제시된 개념적 개입이 주는 아이러니한 의도를 파악하기는 어려웠다. 학생들은 이 영상을 잘못되고, 불쾌해하고, 당황스러운 현실로 받아들였다. 풍자의 속뜻을 알게 해주는 데 필수적인 눈짓이 (전혀) 없었기 때문이다. 많은 사람이 경험한 불편함은 장애 문화의 사회적 위치에 접근하는 복잡한 방식과 공공장소에서 주류 사회의 장애인에 대한 인식 사이의 차이점을 논의하는 토대를 제공했다.

『모든 영역에 접근한다』는 공연을 기록하기 위한 많은 기본 틀을 제공한다. 리타 마르칼루(Rita Marcalo)는 〈비자발적 춤Involuntary Dances〉에 대해 이렇게 말한다. 이 작품에서 마르칼루는 갤러리 세팅 안에서 생활하면서 관객들이 자신을 보도록 초대하고, 뇌전증 발작을 유발하는 스트로브 조명과 수면 결핍 상태를 이용하여 스스로 뇌전증 발작을 유발하며 퍼포먼스로 표현한다(이 작품이 불러온 대중의 강렬한 반응에 대한 자세한 내용은 브리 해들리Bree Hadley의 토론, 2014 참조). 캐서린 롱(Catherine Long), 도런 조지(Doran George), 피트 에드워즈(Pete Edwards), 캐럴라인 보우디치(Caroline Bowditch), 브라이언 로벨(Brian Lobel)과 같은 예술가들은 각자 자신들만의 미학과 예술적 접근 방식을 심사숙고한다. 이 책에 담긴 많은 자료는 인터뷰 형식이나 단편적·수행적 글쓰기 형식으로 제시된다.

종합적으로, 이 자료들은 기세가 좋아지는 장애 예술 창작자들의 에너지, 예술 시장과 대중의 시선 속에서 자신의 위치를 잘 이해하고 있는 그들의 적극적 참여, 그리고 장애와 예술의 지속적인 성장과 다양화를 보여준다.

라이브 아트는 일반적으로 도시적이고, 최신 경향을 따르며, 의도적이다. 그리고 라이브 아트는 코딩 방식, 사물을 낯설게 하기, 관객과 거리 두기에 기반을 둔다. 이런 대립적인 매체가 예술계가 아닌 다른 곳에서 펼쳐지면 어떤 일이 벌어질까?

DVD 〈M21〉에는 DASH(Disability Arts in Shropshire)가 제작하고 언리미티드(Unlimited) 프로그램이 협업하여 작업한 라이브 아트 활동이 기록되어 있다. 이 라이브 아트는 2012년 런던 페스티벌과 문화 올림피아드(Festival and Cultural Olympiad)의 한 파트였고, 영국 슈롭셔의 작은 마을 머치 웬록(Much Wenlock)에서 펼쳐졌다. 숀 번(Sean Burn)의 〈사이코시스 벨리Psychosis Belly〉도 이 DVD에 기록되어 있다. 숀 번은 자신만의 올림픽 게임을 만들고, '성공', '관중', '공정성' 개념에 의문을 제기한다. '우울증 허들'을 진행할 때, 그는 구속복과 영국 올림픽의 안내원 유니폼 사이 그 어느 중간쯤으로 보이는, 보라색과 주황색 의상을 입고 흰색 플라스틱 허들 아래로 기어가면서, 슈롭셔의 작은 중세 마을을 지나는 행인들에게 자신을 응원해달라고 요청한다. 영상 기록 속 행인들은 흥미를 보이며 참여하기도 하고, 어떤 이들은 이런 의상을 입고 시골 마을을 방문한 사람들을 어떻게 대해야 할지 몰라 외면하기도 한다. 여기서 관객들은 많은 생각이 뒤섞이는 경험을 한다. 무례한 모습에서 귀여운 모습으로(누군가 그렇게 생각한다면), 활기찬 모습에서 소심한 모습으로, 이런 라이브 아트 행위는 유서 깊은 시장 마을을 공연 플랫폼으로 전환하고, 장애가 공공장소에서 어떻게 의미화하는지, 낯선 사람들이 서로 어떻게 소통하는지, 예술이 어떻게 차이를 만들어내는지 우리에게 보여준다. 이와 같은 오프 스페이스* 에서의 공연은 장애인 연극 역사의 일부이다.

연극 역사: 정신 병원

장애 연극의 역사에서 또 하나 중요한 영역은 정신 병원과 관련한 연극이다. 1876년에서 1880년 사이에 파리의 살

- 전통적 극장이나 규격화한 극장, 미술관 등에서 벗어난 공간을 지칭한다. 이번 라이브 아트 섹션 시작 부분에서 설명한 바와 같이, 극장과 스튜디오, 그리고 갤러리 등의 사이 공간을 뜻하기도 하고, 공원이나 시장과 같은 공공장소를 지칭하기도 한다. 오프 스페이스 공연은 이런 비정형적 공간들을 공연 플랫폼으로 전환한다. 장애인 연극의 역사에서, 배제되고 접근성이 떨어지는 전통 극장이나 규격화한 극장보다는 공공의 장소이며 접근할 수 있는 오프 스페이스가 더욱 의미 있다.

페트리예르 병원(Hopital de la Salpetriere)에서, 정신과 의사 샤르코(Charcot)가 히스테리 증상을 보이는 여성의 사진을 촬영하기 위해 최면 상태에 빠지도록 유도한 사례부터 입원 환자들이 올리는 공연을 관람하기 위해 입장료를 지급하는 관행에 이르기까지, 정신 병원에서 공연되는 연극은 현재까지 계속되고 있다. 1866년 다운 증후군에 자신의 이름을 붙인 존 랭던 헤이든 다운(John Langdon Haydon Down) 박사는 '지적 장애idiocy'•에 대해 인종 차별적 설명을 한다. 지적 차이를 가진 사람들은 종종 '모방에 상당한 능력을 갖추고 있으며 심지어 흉내 내기(mimics)에 가까울 정도'라고 지적했다. 그리고 '그들은 유머러스하며, 우스꽝스러운 이들의 활기찬 감각은 종종 그들의 모방에 색을 입힌다'(261쪽)고 말했다. 다운 박사는 노먼스필드(Normansfield)에 무대를 만들고, 연구 대상 환자들에게 더 나은 치료와 교육을 위한 공연을 제작

• idiocy라는 단어는 과거에 심리학 용어로 발달 장애의 구분 기준으로 사용되었으며, 지적 장애를 지칭한다. 지금은 폐기된 분류법에 따르면 정신 연령이 3세 미만이고, 지능 지수(IQ)가 25 미만인 경우를 가리켰다. 현재 이 용어는 학문적으로나 사회적으로 모욕적이고 불쾌한 표현이라고 간주하여 더이상 기술적으로 사용되지 않는다. 본 섹션에서는 idiocy를 모욕적이고 불쾌한 '백치'라고 번역하지 않고 '지적 장애'로 번역한다. dictionary.com 참조.

연극 그리고 장애

했다.*

   유럽의 초현실주의자와 다다이스트는 광기에 매료되어, 광기를 답답한 현대 사회 속에서 찾은 창조적 에너지의 저장소라고 여겼다. 이들은 '원시' 예술을 유사하게 바라봤고, 외부인 예술과 이국적 착취의 복잡하고 긴 역사를 예술 작품으로 설치했다. 그러나 모든 전유(appropriation)의 복잡성에도 불구하고, 많은 초현실주의자가 정신 의학의 떠오르는 담론에 스스로 끌렸다는 점에는 의심할 여지가 없다. 예를 들어, 퍼포먼스 이론가이자 비전적인 예술가 앙토냉 아르토(Antonin Artaud)는 내가 이끄는 예술가 집단 올림피아스의 작업 방식에 큰 영향을 미쳤다. 아르토의 공적 삶과 사적 삶은 광기(와 죽음)의 경험과 얽혀 있다. 현대 아방가르드 예술 활동을 이끈 많은 연극인은 정신 건강이나 인지적 차이의 문제를 경험했고, 이에 대한 규제로 인해 어려움을 겪었다. 대표적으로, 세라 케인(Sarah Kane)에서 스팰딩 그레이(Spalding

---

* 저자는 다운 박사가 영국 서리에 있는 얼스필드 정신 병원(Earlsfield Asylum for Idiots)에 무대를 만들고 연구 대상 환자들을 위한 공연을 기획했다고 설명한다. 이 부분을 명확하게 살펴보자면, 다운 박사는 서리에 있는 얼스우드 정신 병원(Earlswood Asylum)에서 일했고, 그 후 노먼스필드 병원에 무대를 설치하여 환자들을 위한 공연을 제작했다. Langdon Down Museum of Learning Disability 홈페이지 참조. 이 사실에 근거해서 번역한다.

Gray), 로버트 윌슨(Robert Wilson)에서 조지프 체이킨(Joseph Chaikin) 등이 있다.

애너 하핀(Anna Harpin)과 줄리엣 포스터(Juliet Foster)가 엮은 『퍼포먼스, 광기 그리고 정신 의학*Performance, Madness and Psychiatry*』(2014)은 장애 역사/연극 역사의 중요한 연결 고리, 고정되고 공통된 의미가 없는 무언가로 사고하기의 효과에 대해 다양한 관점을 제시한다.

이 책은 정신 건강 전문 간호사, 사회 심리학, 문학, 의료 사회학 및 연극 분야의 학자들, 전문 연극 제작자들, 그리고 정신 건강 시스템의 이전과 현재 사용자들의 기고문을 포함한, 다양한 내용이 수록된 모음집이다. [……] 각자의 경험과 실제뿐만 아니라 더 광범위한 맥락에서 광기 또는 정신 질환을 다르게 이해하고 표현하는 방식을 보여주어 상당히 많은 이목을 끌었다. 이 책은 정신 상태의 사회·정치·문화적 의미에 대해 좀더 세련된 대화를 시도하기 위해 연극과 광기가 서로 다른 맥락과 시대에 따라 다르게 이해되고 표현되는 방식을 (부분적으로나마) 엿보고자 한다. (10쪽)

변형된 형식에 대한 초현실주의적 열정, 초현실주의의 꿈과 자동화한 언어와의 연관성은 다른 장애 연극 이론가들에게도 깊은 영향을 미쳤다. 『청각 차이: 실험, 청각 장애, 다문화 연극 속 제삼의 귀*Hearing Difference:The Third Ear in Experimental, Deaf, and Multicultural Theatre*』(2006)에서 칸타 코하르-린드그렌(Kanta Kochhar-Lindgren)은 제삼의 공간(third spaces)을 근거지로 삼아 문화적 크로스오버에 관심을 두고 활동하는 청각 장애 예술가와 비장애 예술가 들의 공연을 분석한다. 여기에는 핑 총(Ping Chong)과 같이 잘 알려진 주류 예술가들, 애런 윌리엄슨과 같은 퍼포먼스 아티스트들, 국립 청각 장애인 극단(National Theatre for the Deaf)이나 청각 장애인 극단 웨스트(Deaf Theatre West)와 같은 극단들, 미국·영국 수화 컨벤션과 협업하는 인도 전통 무용 바라타 나티암(Bharata Natyam) 무용수들에 관한 내용이 있다. 코하르-린드그렌은 소리, 침묵, 움직임을 이용하며, 청각 장애인과 비청각 장애인이 공유하는 세계관을 창조하는 공연을 다다이즘, 초현실주의의 실제, 공감각의 개념을 활용하여 분석한다.

접촉 공간을 다루는 방식에 대한 탈식민주의적 제삼의 공간/제삼의 귀(third ear)는 연극/영화/설치 전시 작품 〈아르토 동굴*Artaud's Cave*〉의 핵심이다. 이 작품을 통해 다양한 역사를 한데 엮어보며 이 장을 끝맺으려고 한다.

관람/극장/역사: 매드하우스 동굴

내 뜨거운 피부는 어둠 속에서 차가운 콘크리트에 기대어 있다. 2012년 여름, 독일 카셀이다. 나는 하비에르 테예스(Javier Téllez)의 〈아르토 동굴〉* 설치 작품의 일부인 테예스의 영화 〈멕시코 정복 Conquest of Mexico〉을 보고 있다. 장애인 예술 참여자로서 떠난 나의 여정에 여러분을 다시 초대한다. 여기로 들어오기까지 꽤 힘들었다. 이 시네마 동굴은 오래된 철도 창고 안에 있으며, 이 대규모 예술 축제에서 휠체어 사용자들이 접근할 수 없는 몇 안 되는 전시물 중 하나였다. 하지만 나는 [접근 가능과 접근 불가능의] 경계 자체이기에,** 휠체어에서 일어나 등받이에서 지팡이를 꺼내 짚고 콘크리트 계단을 올라 거대한 나무 창고 안에 만든 가짜 동굴 입구로 들

• https://www.youtube.com/watch?v=w365Tt0nz4g 참조.

•• 앞서 〈한밤중에 개에게 일어난 의문의 사건〉 관극 경험에서 공유한 바와 같이, 본 저자는 보행 보조기 사용자이다. 그렇기에 휠체어로 접근할 수 없는 공간도 힘들지만 접근할 수 있는 접근성의 경계에 있음을 뜻한다.

어가 갤러리 경비원을 놀라게 했다. 경비원이 허둥지둥 나에게 (독일어로) 말한다. "그러면 안 돼요! 바닥이 고르지 않아요! 난 책임 못 져요!" 경비원이 실제로 내 입장을 막을까 싶어, 순간 약간 걱정했다. 하지만 나는 수적으로 유리했다. 내 옆에서 손을 내밀고 나를 잡아주던, 잠깐의 새로운 친구가 있었다. 이 뜻하지 않은 만남은 축제의 인상적인 점 중 하나다. 몇 분 전에 크리티컬 아트 앙상블 창고에서 우연히 만난 벨기에 여성과 함께 학술/예술적 연구와 유럽 학계에서 예술이 차지하는 위치에 관한 이야기를 나눴다. 비장애인이지만 장애인 권리에 대해 잘 알던 이 여성은 경비원의 반응에 무척 놀라는 반응을 보였다. 우리가 함께 있어 경비원은 조금 부담스러웠는지 뒤로 물러났다. 그렇게 나는 새로운 동료와 함께 타자성과 식민지주의적 만남이라는 어둠 속으로 한 걸음 한 걸음 걸어 들어갔다.

내가 지금 관람하고 있는 대규모 국제 예술 축제는 도큐멘타(dOCUMENTA[13]로 표기)이다. 5년마다 큐레이터가 전 세계의 예술 작품을 한데 모아, 이 조용하고 작은 도시에 전시하고, 미학적 트렌드의 기준을 내보이며, 일상을 매혹하는 예술의 힘을 보여준다. 올해의 큐레이터 캐럴린 크리스토프-바카기예프(Carolyn Christov-Bakargiev)는 나를 완전히 매료시켰다. 이번 도큐멘타 축제는 사회적 실천, 문화적 접촉에 관한 주제로 많은 작품을 선보였고, 나는 어디로 가야 할지 모를 정도로 환상적인 시간을 보내고 있다. 장애는 어디에나 있었다. 이번 도큐멘타에서는 전문 무용가 제롬 벨(Jerome Bel)과 스위스 극단 시어터 호라가 협업한 〈장애 연극 Disabled Theatre〉을 초연했고, 이 극은 연극 평론가들 사이에서뿐만 아니라 연구서 『장애 연극Disabled Theatre』(우마툼Umathum과 위스투츠Wihstutz, 2015)에서 많이 논의되었다.

그래서 나는 이 동굴에서, 영화 속에서 연극을 하는 사람을 보며 숨을 고른다. 그리고 누군가 낭독하는 것을 듣고 있는 나 자신을 발견했는데, 프로그램 설명에 따르면 낭독자는 정신 건강 시스템의 이용자이자 멕시코시티 정신 병원의 외래 환자라고 한다. 이 영화에 출연한 배우들은 모두 외래 환자들이며, 베네수엘라 출신 영화 제작자 테예스(뉴욕 거주)는 정신과 의사 부부의 아들이기도 하다. 정신 건강 시스템에 대한 해설과 작업은 그의 예술 경력의 핵심이다. 화면 속 남자가 스페인어로 글을 읽는다.

과학과 정의의 탈을 쓴 정신 병원,

막사, 감옥 또는 노예 식민지와 유사하다.

[……]

우리는 망상 상태의 자유로운 발달에 대한 모든 간섭에 항의한다.

그것은 합법적이고 논리적이다.

다른 인간 사고와 행위의 연속과 마찬가지로.

반사회적 반응에 대한 억압

[……]

내일 아침 회진을 돌 때 노력하고 기억하라.

그들의 언어를 모른 채 이 사람들과 대화를 시도할 때,

당신은 인정해야 할 것이다, 그들에게 있어,

당신이 갖는 단 하나의 우위는, 바로 힘이라는 점을.

(비디오 자막에서 발췌, 앙토냉 아르토, 1976, 297-298쪽과 거의 동일)

이는 앙토냉 아르토의 말이다. 번역되고, 필사되고, 다시 목소리로 읽히고, 기억된다.

수년 동안 정신 건강 시스템을 경험한 생존자들과 함께 작업해온 내게 이 글은 깊은 울림을 준다. 나는 이 글을 잘 안다. 장애 연구와 퍼포먼스 연구의 기초가 되는 글이기 때

문이다. 아르토의 잔혹, 감각적 즉시성, 시적·신체적 압력의 연극은 공연 예술 계보의 하나를 이룬다. 이렇게, 고통에 대한 신비로운 글쓰기와 갇혀 있던 정신 병원이나 기관에서 그린 그림은 많은 비평 이론을 발전시키는 도화선이 되었으며, 재구성되고 통찰력 있는 표현으로써의 광기를 재조명하는 연구의 흐름을 형성했다.

이곳에서 나 자신의 창작과 지적 유산의 할아버지를 발견하게 되어, 정신적 차이에 대한 섬세한 작업의 맥락에서 그를 발견하게 되어 두근거린다. 스페인어로 읽고, 프랑스어로 출판되고, 번역된 영어 자막으로 영화 스크린에 전사된 글을 듣고 보고 느낄 수 있어서 기쁘다. 단일 언어만 사용하는 독일인(대부분 노동 계급이거나 양질의 교육을 충분히 받지 못한 장애인)은 이해할 수 없을 것이다. 언어의 바벨탑과 횡설수설인지 진실인지 모를 언어가 한데 뒤섞여 있다. 그리고 이 모든 언어가 서로에게 영향을 주고받는 형식을 점점 더 인지하게 되면서, '나의 사람들my people'에 대한 내 감각이 여러 가지 차이의 경계 때문에 서서히 도전받고 있음을 빠르게 알아차렸다. 이 여정으로 여러분을 인도하겠다.

영상 속 남자는 산 정상에 나타난 거인을 그린 벽화 앞에서 이 대사를 읊고 있다. 따뜻한 적갈색 배경에 비옥하고 푸른 잎이 가득한 산과 대조적인 거인은 근육질의 남성으로, 이마에 주름을 지은 채 거대한 흙빛 팔과 손을 뻗고 있다. 대지, 이주민. 산에서 나오거나 산을 파괴하는 인간. 흙과 번영. 그리고 무언가 다르게 울리기 시작한다. 아르토식 글귀가 내게 식민지화에 대해 더 많은 말을 하기 시작한다. 정착민 식민지 연구 문헌에서 볼 수 있는 단어들, '주권', '관할권', '문명화' 등. 스페인어가 귀에 들리면서 지금 이 단어들은 나에게 다르게 다가온다.

영화는 다양한 레퍼런스 필드•들 사이에 이러한 균열을 강조한다. 그러면서 정신 건강 전문가의 정당성을 부정하는 아르토식 주문으로부터 [16세기 스페인] 정복자 혹은 콘키스타도르(conquistador)의 폭력과 원주민 의식을 재현하는 장면에 이른다. (촬영 장소로는 시몬 볼리바르 극장Simón Bolivar Theatre, 소치밀코Xochimilco, 테오티우아칸Teotihuacan과 칸토나Canatona의 피

• 레퍼런스 필드는 영화 속 서사의 의미와 맥락의 기반이 되는 더 넓은 개념적·역사적, 혹은 문화적 틀을 의미한다. 영화가 담고 있는 요소들이 이전 작품, 학문, 문화 등에서 가져온 참조점이나 아이디어 및 영감 등의 집합체를 지칭한다. 여기에서는 영화에 담긴 레퍼런스 필드 사이의 균열, 혹은 식민주의적 관점과 피식민주의적 관점의 차이를 강조함을 의미한다.

라미드 - 아스테카 유적지 등이 포함됨.) 장면과 장면은 연결되며, 45분 길이의 루프로 이루어져서 시선을 사로잡고 소재의 여러 부분에서 울려 퍼진다. 같은 출연진이 사막과 병원에서 서양식 현대 의상과 원주민 의상을 입고 등장한다.

광기와 식민지화: 누가 누구를 판단할 권리가 있으며, 다른 현실을 경쟁적으로 파악한다는 게 무슨 의미인가? 이런 상태에서 폭력이 수반되면 어떤 일이 벌어질까? 한 사람의 환상이 다른 사람에 대한 공격으로 이어진다면 어떤 일이 생길까? 한 국가의 환상이 다른 국가에 대한 공격으로 전개되면 어떤 일이 일어날까? 교차성 이론(intersectional theory)은 타인의 고통을 전유하는 것이 어떤 위험성을 갖는지 설득력 있게 경고한다. 그런데도 병이 있다고 진단받은 사람들과 함께 만든 이 예술적 프레임의 표현에서 그 [정치적 혹은 이론적] 일련의 내용은 시적이고 불분명하며 희미하게 빛난다.

강연이 끝난 후, 영화는 타일이 깔린 복도를 걸어가는 두 사람을 담은 장면으로 바뀐다. 한 사람이 흰옷을 입은 채 검은 옷을 입은 남성(아마도 빈 강당의 연사로 추정되는)의 팔꿈치를 잡고 있다. 폭력일까, 아니면 도움일까? 억압, 아니면 반복의 평온함? 여러 리듬이 서로를 압도한다. 걷는 리듬, 함께 걷는 리듬, 같은 리듬, 다른 리듬, 같은 리듬, 제정신인 리듬, 미친 리듬.

영화의 다른 장면에서 외래 환자들의 대화가 들리는데, '나의 사람들'이라는 꼬리표가 더욱 부담스럽게 느껴진다. 흰색 간호사 유니폼을 입은 여성이 자기 직업에 대해 말하는 장면을 보며, 나는 모호한 기분이 들었다. 그 여성이 실제로 간호사인지, 아니면 간호사를 연기하는 환자인지 잘 모르겠다. 간호사였다면 카메라를 향해 이렇게 말할까? 이것은 비난인가? 아니면 탈동일시적(disidentificatory)* 행동인가, 아니면 '직설적인' 표현인가? 여기 광기가 있는 사람들의 특별한 감수성에 대해 내가 얼마나 알고 있을까? 간호사는 이렇게 말한다.

어렸을 때부터 나는 내 소명이 종교적이라 느꼈다.

그래서 간호사의 길을 선택했다.

이 정신 병원에서 나는 내가 가진 모든 능력을 발휘하고,

매일 환자들에게서 배운다.

• 동일시와 반동일시 사이에서 억압된 주체가 보존 및 생존하기 위해 취하는 방식과 행태.

그들은 아이들과 같고 순수하고 자유로운 정신을 소유한다.

그들은 신과 정말 가깝다.

내가 누군가의 이야기이거나 망상, 위험한 투사, 또는 대체 현실의 대본을 듣고 있는 걸까? 나는 돌봄 직종에 종사하는 사람들을 천사 같은 자기 희생자로 묘사하는 (아르토식 선언과 반대되는) 문화적 서사를 떠올리고, 내가 가톨릭이 지배적인 나라에서 사는 것에 대해 생각해본다. 배우의 짙은 빛깔 얼굴은 아름답고 차분한 마돈나상을 연상시킨다. 배우는 카메라를 응시하며 따뜻한 눈빛으로 반갑게 맞이하지만, 장면 끝에 대본을 옆으로 치우는 행동으로 자신이 연기 중임을 나타낸다. 이는 인터뷰가 아니다. 아마도. 겹겹이 쌓인 층위.

카메라가 뒤로 물러나면서, 커다란 퍼즐을 올려둔 파란색 테이블 앞에 앉아 있는 여성이 보인다. 여성은 색색의 퍼즐 조각을 천천히 모은다. 그 옆에는 흰옷을 입은 남성이 있다. 두 사람이 함께 퍼즐 조각을 맞춘다. 퍼즐은 영화에서 여러 번 등장한다. 어느 시점에는 여성 넷이 같이 퍼즐을 맞추는 장면이 나온다. 누군가 "마지막 조각"이라고 말할 때까지, 사각형 테이블과 원형 퍼즐 위로 여성들의 손이 넘나들며 기하학적 패턴을 만든다. 순서를 정하고, 배열하고, 모두 보이게 만들고, 완성해가는 과정. 이것은 정신 건강 문제가 있는 사람들에게 익숙한 서사적 관습이지만, 스토리텔링 자체에 대한 메타 비평(metacommentary)이기도 하다.

신화, 역사, 그리고 누가 누구에게 미쳐 보이는가 — 이 주제들은 다른 장면에서 서로 뒤섞인다. 울창한 숲속에서 십자가에 매달린 원주민처럼 보이는 남성은 이마에 문신을 했고 검은 머리카락은 아래로 흘러내린 채다. 그는 청록색 가면을 쓰고 동족을 위해 해변에서 자신을 희생한 케찰코아틀(Quetzalcoatl)을 이야기하고, 정복자 콘키스타도르는 자신을 희생한 다른 신, 예수 그리스도에 대해 말한다. 두 이야기는 메아리처럼 울린다. 신비로운 것과 강박적인 것, 문자 그대로의 것과 신화적인 것이 모두 고해상도 비디오의 느리고 우아한 이미지 속에서 서로 마주친다.

모든 배우가 자기 자리를 차지하며, 어느 순간 카메라를 똑바로 응시한다. 이 드라마에는 말하지 않는 역할도 있고, 극적 긴장감을 유지할 수 있는 사람들을 위한 긴 독백 부분도 있다. 나는 영화 속에서 공동체 공연 연습의 흔적, 극적 결정, 참여자들이 가진 재능에 걸맞은 역할 배분을 볼 수 있다.

또한, 이 많은 비전문 배우들이 이렇게 카메라 앞에서 편안하게 연기할 수 있는 것은 오랜 시간 동안 세심하게 장면을 구성했으며 주인 의식을 갖고 작업했기 때문이라고 생각한다.

공동체의 배우들과 실험적으로 작업하면서, 스토리라인과 멋진 결말에 대한 욕구를 누르기는 어려울 수 있다. 하지만 이 비디오의 배우들은 찬란한 존재감, 빛나는 시적 순간, 그리고 어쩌면 자신들의 정신적 차이의 경험을 담고 있는 단편적 이야기로 보상받는다. 그 과정은 베일에 싸여 있으나, 주인의식에 대해 깊이 생각할 수 있는 여지가 있다. 내가 보고 있는 사람들이 '나의 사람들'일 수도 있고 아닐 수도 있지만, 문화적 차이에 대한 내 확고한 감각을 넘어, 우리는 함께 작업할 수 있을 것 같다. 복잡한 사람들의 복잡한 이야기가 있고, 어쩌면 우리가 합의한 현실이라고 부르는 것에 대한 다른 관점도 있다는 느낌이 든다. 이 설치 작품은 외부인이 아닌, 앙상블을 보여준다. 앙상블의 구성원들은 문화적·인지적 타자로 쉽게 규정될 수 없도록 서로 조화를 이룬다.

테예스의 예술적 설치 작품에서 정치성을 어떻게 생각할 수 있을까? 많이 인용되는 예수회 수사이자 정신 분석 사상

가인 미셸 드 세르토(Michel de Certeau)는 '전술 tactic'에 대한 그의 유명한 논의에서 공간과 시간의 상호 작용에 대한 사상을 제시한다. 소수자 개입의 유동적 변증법 게임 속에서 '전술'은 전략(strategic)과 대립한다.

> 전술의 위치는 타자에게 해당한다. 전술은 타자의 자리를 완전히 장악하지 않고, 거리를 두지 않고, 파편적으로 타자의 자리에 교묘하게 서서히 들어간다. [······] 전술은 위치가 없으므로 시간에 의존하며, '날아서' 잡을 기회를 항상 주시하고 있다. (드 세르토, 1984, xix쪽)

영화 〈멕시코 정복〉에서 주요 공간의 타자화는 디에게시스(diegesis), 즉 영화의 내러티브 차원에서 발생하고 있다. 멕시코시티에 있는 정신 병원의 사용하지 않는 건물 시설이 상연 장소가 된다. 상연을 위한 레퍼런스 필드는 많고, 그 자체 장소에 제한된다. 유럽인으로서, 여기서 나는 아르토의 말을 듣고, '수감자'들이 침대 사이에서 싸움을 벌이고, 깃털 베개가 미사일처럼 날아다니고, 근육질의 등과 휘두르는 팔 사이에 떠다니는 파편으로 방이 가득 찬, 장 주네(Jean Genet)의 연극 장면을 본다.

영화 속에 멕시코나 아스테카 문화에 대한 레퍼런스가 많은데, 나는 알 수 없었다. 문화 간의 레퍼런스를 담은 이 영화는 나 자신의 유럽에 위치함과 내 읽기 전략(strategy)을 지적한다. 내가 들을 수 없는 것을 들으려고 할 때, 내 읽기 전략을 전술적으로 뒤엎는다.

각 장면이 전개되면서, 내 인식 방식을 추적하고, 예술 관람자로서 나 자신을 바라볼 수 있는 시간이 생긴다. 비디오 설치 작품의 지속적 측면은 서로 다른 문화 상호 간에 제삼의 공간을 전술적으로 활용하는 방향으로 이어지고, 현대 예술 전시와 그 시장 내에서 차이의 전략적 배치 속에 끼어들게 된다.

설치물의 외재적(extra-diegetic) 위치는 마찬가지로 감각의 차이를 열어주고, 타자를 전술적/전략적 연결 고리로 삽입한다. 가짜 동굴은 철도역의 창고와 너무나도 어울리지 않는다. 나무 계단을 밟고 올라가, 만져보면 거칠거칠한 유기질 벽이 있는 어두운 터널을 통과하고, 발밑에서 모래가 흐르는 느낌을 받는 것은 히스테릭할 정도로 재미있는 일이다.

동굴과 철도 창고, 단단함과 프로젝터 빔의 가벼움, 함께 공유하며 쉬는 숨결과 불안정한 발걸음. 시간과 공간이 서로 아주 기분 좋게 전환되지만, 여기서는 죽음도 일어난다. 병원과 그 폭력의 스펙터클, 정복자 장면, 스페인식 투구 아래 마스크를 벗고, 유럽인처럼 보이는 창백하고 둥근 얼굴을 드러낸 금발 스페인 사람. 십자가에 매달린 원주민 같은 남자와 북유럽인 같은 수감자가 병원 카페테리아에서 가벼운 언쟁을 벌이는 이전 장면에서 작은 폭력의 파문이 일었다. 영화는 병원의 놀이 시간에서 정복자의 싸움 시간으로, 아스테카의 제의 시간으로, 우리를 이동시킨다. 모든 것이 확대되고, 모든 것이 화려한 이미지로 떠다니며, 바다를 가로지르는 묵직한 금속 갑옷을 끄는 소리가 무거운 콘크리트 동굴에 기묘하게 울려 퍼진다.

모든 것이 연극이고 연극은 변할 수 있다. 공연에서 역사의 기본적 가변성, 시공간을 가로지른 특정 면모를 엿볼 수 있다는 점은 카셀의 예술 관광객들에게 어떤 발단(opening)을 선사한다. 질 돌런(Jill Dolan)은 연극적 공간에서의 유토피아적이고 수행적인 표현에 대해 생각한다. 연극이 '작동'할 때, 즉 '배우와 배우, 배우와 관객 사이의 관계가 모두 연금술적인 무언가로 녹아들 때'(2005, 40쪽), 연극에 대한 자신의 관점은 내재적인 것이 아니라 형식적인 수준에서의 변형적 순간이라고 언급한다.

평론가들은 광기에 대한 고정 관념적 함의와 여기에 제시된 완벽함 사이의 괴리를 포착한다. 그레고리 볼크(Gregory Volk)는 다음과 같이 블로그에 썼다. '테예스가 각본을 뒤집어, 이 정신 장애인들을 믿을 수 없을 정도로 품위 있고, 지적이며, 창의적인 존재로 보여준다. 이 모든 것이 당신에게 정신 질환이란 정확히 무엇을 의미하는지 궁금하게 만든다.'(블로그 사이트 Art in America, 2012). 볼크의 질문은 시각적 상상력에서 '정신 질환'이 차지하는 공간을 강조한다.

정신 건강에 대한 고정 관념, 멕시코시티에서 정신 건강 관리가 어떤 모습일지에 대한 북반구 선진국의 사고, 고통받는 외부 타자에 대한 매혹 — 이 모든 것이 테예스의 작품 수용 과정의 일부를 이루며, 아르토를 재작업한 작품이었다. 아르토는 1936년 멕시코를 방문했을 때 정신 병원에서 지독한 경험을 했지만, 당시에 자유로운 특권을 누린 여행자였고 보조금을 지원받았다. 멕시코에 머무는 동안, 아르토는 끔찍한 경험이었던 헤로인을 끊었다. 그러나 페요테 선인장에서 채취한 환각제를 알게 되고 타라우마라 의식에 참여했으며,'

훗날 많은 공연 예술 여행가들의 무대를 마련했다.

누가 누구에게 외부인이고, 전유와 경험이 어떻게 얽혀 있는지의 연관성에 대한 작업은 매우 복잡하다. 테예스의 아름다운 영화, 커뮤니티 연극, 광기와 연극의 역사, 공간을 이용한 놀이의 색채에 빠져들면서, 수많은 생각의 궤적이 나를 관통한다. 이국주의(exoticism)가 폭발하고 '외부자의 존엄성'에 대한 연극의 경계가 장애인 연극의 역사와 공명한다.

이렇게 이번 장을 끝맺는다. 연극과 장애는 다양한 방식으로 역사 속에 얽혀 있다. 그리고 계층, 성별, 인종, 식민지화, 장르의 역사, 우리 세계의 접근성 구조라는 교차 렌즈를 통해 볼 때, 연극과 장애는 더욱 복잡하고 미묘한 차이를 보인다. 이러한 복잡성에 주의를 기울이고, 아직 듣거나 보거나 느끼거나 만질 수 없는 무언가의 표면을 감지하는 것은 연극이라는 공유된 환상 속에서 작업하는 일종의 특권이다.

● 아르토는 멕시코 정부의 초대로 멕시코시티에 갔다. 멕시코 중서부 산간 지역인 시에라 타라우마라(Sierra Tarahumara)를 방문했다가, 라라무리(Raramuri)족의 의식에 참여했다. 타라우마라 지역 문화에는 스페인 가톨릭의 신앙적 요소와 토착민의 신앙적 요소가 섞여 있었고, 아르토는 여기서 예술적 영감을 많이 받았다. 이에 대한 자세한 내용은 Artaud, *The Peyote Dance and Other Writings* 참조.

연극 제작

가장 큰 공감을 불러일으킨 장애 연극에 관한 작업은 바로 공연 실제와 교육 실제라는 현장에서 나왔다. 캐리 샌달의 작품은 '접근성'과 '연극'을 한데 모은다는 것이 무엇을 의미하는지 이야기한다. 샌달은 유럽에서 파생된 신체 연극 방법(somatic theatre method)과 현재 배우 훈련에서 '중립적' 신체의 의미를 살펴본다. 그리고 샌달은 정신 분석 학자 빌헬름 라이히(Reich)의 감정 이완 원칙, 배우 에티엔 드크루(Étienne Decroux)와 자세와 움직임 개선 기술인 알렉산더 테크닉(Alexander Technique)이 제시하는 '개인적 동작 클리셰, 습관적 자세나 특정 신체 부위의 긴장'(2005, 260쪽)이 없는 신체에 기반을 둔 현대 연기 교육법을 비판한다. 장애인 배우들은 관습적이지 않은 신체로 표시하고 '중립성'을 달성하려는 교수법에 부합하기 쉽지 않다. 이는 장애인 전문 배우의 지속적 부족 현상으로 이어진다.

수용의 윤리

이후 샌달은 플로리다에서 활동하는 미키 파우스트(Mickee Faust) 극단과 협력하여, 접근성의 미학과 수용의 윤리가 무엇을 의미하는지에 대한 선언문을 발표했다.

수용 윤리의 핵심은 다수가 지배하지 않는다는 것이다. 대신, 수용은 참여를 원하는 모든 사람을 포용한다는 의미이며, 종종 다수가 기존 관행과 환경에 어려운 변화를 감수해야 한다는 뜻이다. 이런 변화는 마지못해 이루어지는 게 아니라, 선의와 창의성, 강한 유머 감각과 함께 공연 자체에서 종종 표현되는 요소이다.

이 윤리에는 말하기의 정치뿐 아니라 경청의 정치도 포함된다. 소수자 집단 대부분이 다수자에 의해 '침묵'당했다고 주장하며 말하기를 중시하는 반면, 장애인 커뮤니티는 자주 경청을 같은 선상에 둔다. 장애인들은 종종 사람들이 자신들의 이야기에 귀 기울이지 않고 심지어 자신들에 대해 이야기하지도 않는다고 느낀다. 이러한 맥락에서 경청은 귀로 듣는 것만을 뜻하지 않는다. 여기서 경청이란 고려하고 주의를 기울인다는 의미이다.

수용의 윤리는 차이를 인정하고, 완벽할 수 있다는 선입견을 버리고, 복잡한 요구 사항과 협의함을 의미한다. 이런 '필요'는 종종 서로 상충하기도 한다. 장애 또는 다른 형태의 차이를 수용하는 것은 실용적이지 않거나 시장성이 없어 보이는 경우가 많다. 이는 비용 증가를 수반하거나 소수에게만 이익이 되는 작업을 요구할 수 있기 때문이다. 시장성은 우리의 관심사가 아니다.

수용의 윤리는 캐스팅, 안무, 의상, 그리고 새로운 소재의 창작을 위한 공간 활용에 이르기까지, 창의적·미적 선택에 영감을 제공한다. 이 윤리를 실천하면 연극 실제가 향상된다. (갤러웨이Galloway, 너드Nudd, 샌달, 2007, 229쪽)

이번 장에서 나는 공연 실제와 워크숍을 통해 다음 이슈에 관해 이야기하려고 한다. 사람과 대지에 귀 기울이기, 극적인 퍼레이드와 같은 공공 공연을 위한 새로운 공간 만들기, 상호 의존적인 관계망 속에서 서로 돕기이다. 이 워크숍에서, 응용 연극(applied theatre) 분야에서 익숙한 교육학자/연극인 파울로 프레이리(Paulo Freire)와 아우구스토 보알(Augusto Boal)의 발자취를 따라간다. 그들의 위치에서 사람들과 함께 작업하고, 사람들을 움직이는 문제에 대한 그들의 관점을 살펴본다.

공연 제작하기: 자연 속 연극

2015년 11월 뉴질랜드 아오테아로아(Aotearoa)에 왔다. 크라이스트처치(Christchurch)에서 온 연극 단체 '디퍼런트 라이트 컴퍼니'의 배우들과 만난다. 이 단체는 토니 매카프리(Tony McCaffrey)가 이끌고, 인지적 차이가 있다고 생각되는 사람들로 구성된다. 우리는 야외 활동으로, 시내에서 버스를 타고 한 시간 정도 떨어진 와이쿠쿠 해변으로 함께 현장 학습을 떠났다. 우리 자신의 위치를 파악하는 것은 중요하다. 우리 중 누구도 차를 소유하고 있지 않고, 차를 쉽게 이용할 수 있는 사람도 없다. 우리 중 대다수는 인지 차이로 인해 운

전면허를 취득하지 못했다. 장애인 접근이 가능한 버스 덕분에 야외 활동이 가능해졌지만, 최근 이 같은 성과는 불안정한 시기에 비용을 절감하려는 시 정부에 의해 끊임없이 위협을 받고 있다. 하지만 아직은 아오테아로아 관광지의 어드벤처 페이스북 업데이트에 자주 나오는 시각적으로 시적이고 긴 외딴 해변, 그림 같은 하구, 그리고 많은 야생 생물이 있는 지역에 접근할 수 있다. 장애인으로서 연극 연습을 하며 이러한 장소에 방문하는 것은, 장애인도 표현에 접근할 수 있는 사람이자, 계급과 성별 차이의 역사가 있는 연극이라는 것을 누릴 권리(citizenship)가 있는 사람이라는 생각에 단초를 제시한다.

공공 버스가 모퉁이를 돌아 경사로를 내려온다. 포옹과 인사. 우리 중 몇몇은 함께하지 못했다. 아이작의 경우는 맥도날드 근무 때문에 나오지 못했다.

우리는 이 지역에서 작업하는 방식에 따라 마오리족의 관습과 관련한 워크숍을 열고 있다. 우리는 우리가 서 있는 대지와 그 대지의 사람들에게 경의를 표한다. 마오리족의 혈통이든, 파케하(Pakeha, 뉴질랜드에 정착한 유럽인)의 배경이 있든, 참여자 모두가 이 관습에 익숙하다. 우리는 서로에게 '키아

오라Kia ora'나 '헬로'라고 인사하며, 언어와 대지에서 함께 살아가는 방식을 공유한다. 그러고 나서, 우리는 함께 보낼 대략적 일정에 합의하고, 진지하게 점심 식사에 집중한다. 함께 빵을 먹으며 그동안 있었던 일에 대한 코레로(korero), 즉 이야기를 나눈다. 이것은 워크숍의 첫번째 활동으로 쉽게 이어진다. 이 대지에 감사하기, 우리 주변에서 볼 수 있는 나라에 감사하기, 이 해변 마을에 오기 위해 지나온 공간에 감사하기이다. 우리는 돌아가며 문구와 단어를 추가한다. 앤드루는 '키위아나Kiwiana'라는 단어를 제안하고, 질문을 받자 이렇게 설명한다. "피시 앤 칩스나 토마토 소스 같은 거예요." 킴은 나무를 말한다. 킴은 나무가 집같이 느껴진다고 말한다. 피터는 '멋진 대형 바비큐'를, 글렌은 '쇼'에 감사하고 싶다고 덧붙인다. 그래, '쇼'다!

우리가 이곳에 있는 것에 대해 감사하는 모든 것을 한데 묶어 노래하며 단체 시를 창작하고 나서, 우리는 행진을 한다. 우리는 작은 행렬을 만들어, 마을 중심가를 따라 영토(공유지)와 강어귀로 가면서, 내가 현재 고향 미시간에서 가져온 시를 외친다. 우리는 거리를 차지하고 우리 자신을 보여주며 장관을 연출했다. 리듬은 인간관계를 형성하고 노래는 종종 커뮤니티로 진입하는 통로가 된다. 인류학자 캐런 나카무라(Karen Nakamura)가 일본의 한 정신 질환자 시설에서 노래를 시작한 이야기(2014)가 떠오른다.

드디어 우리는 도착한다. 만을 둘러싼 산책로를 걸어 제방으로 올라가면, 우리는 뉴질랜드 엽서에 등장할 법한 광활한 하구와 마주한다. 도요새, 수풀, 날아오르는 하라케케(아마풀)와 활짝 핀 노란 꽃이 가득하다. 다음 활동이다. '눈에 띄는 것 중 당신이 감사한 대상을 외쳐보세요. 무엇이 보이나요? 어떤 이름을 붙여 기리고 싶은가요?' 또다른 목록 시(list poem)를 함께 만들어본다. '물 / 나무 / 풀 / 테코코(캐비지야자나무)와 하라케케 / 새소리와 바닷소리 / 검은머리물떼새.' 모든 단어를 다 외울 때까지 몇 차례 반복한다. 눈앞에 펼쳐진 대지와 물의 풍경을 보며 노래한다. 우리는 줄을 서서, 격식을 갖춰 경의를 표함을 의식하며, 우리 뒤에 있는 마을과 우리를 둘러싼 세상을 위해 글렌이 제시한 '쇼'를 한다. 우리가 모두 이 작은 공연에 만족한 게 분명해지면, 이동한다.

워크숍 끝에, 우리는 함께 서서 노래를 부르며 우리의 시간을 마무리한다. 우리가 함께 찾은 단어들을 우리만의 멜로디로 노래하고, 멜로디는 강렬했다가 부드러워지며 나무 사이로 퍼져간다. 우리의 가사는 럭비와 바비큐, 우리 주변의 자연 세계, 우리 사이의 우정 등에 이르기까지 많은 주제로 워크숍 내내 나눈 대화에서 발췌한 내용을 담고 있다.

이 워크숍은 장애의 영토에서 창의적인 상상력을 표출하는 하나의 방법이다. 연결, 감사, 혼합된 언어, 기억의 파편, 새로운 별자리. 문화는 재혼합과 혼성화(hybridization)를 통해 작동한다.

워크숍의 핵심은 물론 드라마 대본의 제작이 아니라, 글렌이 '쇼'라고 부르는 것이다. 이는 맥도날드 생산 설비 일부가 아니라, 창의적인 연극과 공개적인 스펙터클 속에서 함께 존재하는 시간이자 작품 속에 존재하는 것이다. 창의적 참여는 열린 연극의 공간을 제공한다. 우리 삶에 주어진 것들을 되돌아보고, 다른 서사, 프레임, 톤, 리듬 속에서 우리 자신을 새롭게 바라본다. 공연은 확신을 주기도 하고, 불안하게 만들기도 한다. 이런 경계 위를 걷는 것이 워크숍의 핵심이다.

모든 것이 여전히 애매하다. 공공장소에서 우리가 스포츠를 즐기고 유쾌한 시간을 보낼 때 항상 맡아왔던 조커 역할을 하고 있음을 우리는 알고 있다. 우리가 함께 공연을 만들 때마저, 우리는 연극의 행위가 항상 '정상적normate' 연극 읽기 형식, 즉 '평소와 같은' 익숙한 관점으로 재편입될 수 있음을 알고 있다. 예를 들면, 2011년 크라이스트처치 애딩턴의 세인트 메리 성공회 교회에서 프리 시어터(Free Theatre)의 작품 〈칠레의 지진The Earthquake in Chile〉을 공연했다. 디퍼런트 라이트 극단의 연출가 토니 매카프리는 이 공연에 대해 리뷰를 썼고, 여기에 디퍼런트 라이트의 공연자들이 어떻게 묘사되었는지 설명한다. 하인리히 폰 클라이스트(Heinrich von Kleist)의 단편 소설을 각색한 이 공연은 실제 지진으로 흔들린 도시 크라이스트처치에서 공연되었다. 그의 작품은 권위와 불안정한 상태, 시민/권위주의적 구조의 재건 문제를 다룬다. 디퍼런트 라이트의 배우들은 이 장면의 일부였지만, 이들의 공연 경험은 장애 스펙터클이자 다른 무언가를 위한 상징인 그들의 존재 자체로 빠르게 재구성되었다.

새로 나타난 도시의 불안정성(precariousness)에 대한 의식이 더욱 오랫동안 지속되어온 장애인의 사회적·법적·의료적·경제적 지위의 불안정성과 맞닿으며, 그들의 존재가 공연 내내 울려 퍼졌다. 공연자들은 또다시 매우 가시적이면서도 어떤 면에서는 보이지 않는 존재였다. 한 리뷰에서는 디퍼런트 라이트 출연자들에 대해 '애딩턴 커뮤니티 내에 정신적·신체적 장애가 있는 사람들이 교회 통로를 걸어 올라왔다'라며, 마치 출연자가 아닌 것처럼 언급했다(필립스Phillips, 2011). 짐작하건대, 리뷰를 쓴 사람은 교회에서 공연한 배우들을 산 프레카리오(San Precario)의 안내인들이 같은 인물이라고 생각하지 못했을 것이다(공연자들은 당시까지 눈에 잘 띄는 옷, 지진 후 크라이스트처치 위험 지대를 복구하던 도로 작업자들이 입을 법한 눈에 잘 띄는 재킷을 입고, 얼빠진 사람처럼 형광색 도로 콘을 머리에 쓰고 있었다). 옷차림과 장애가 매우 분명했기 때문인지, 리뷰 작성자는 공연자들이 누구를 연기하는지 알지 못했음에도, 자신이 본 이 사람들이 교회에서 '그들 자신을 연기하고' 있었을 것이라고 당연하게 생각했음이 분명하다. 흥미로운 것은, 그는 이 사람들을 보며, 이 공연이 지역적이고 공동체를 보여준다고 확신했다는 점이다. (매카프리, 2015, 미발표 에세이)

여기서 리뷰 작성자에게 장애는 예술적이지 않은 것, 지역의 '진짜' 또는 평범한 것이 되며, 따라서 '공동체'의 상징이 된다. 이는 장애 연극과 공연 작업에서는 익숙한 메커니즘이다. 장애인은 쇼를 연출하는 예술가로 인정받지 못하고, 선택의 여지 없이 그대로 존재하는 역할에 갇혀 진정성을 보장하는 존재가 된다. 이렇게 만연한 문화적 고정 관념, 많은 장애인과 다른 이들이 처한 경제적 현실에 맞서 저항하는 것은 장애 연극의 사회 정의적 책임의 일부이다. 세상이 연극을 비추듯, 연극은 세상을 반영한다. 여기 한 번에 한 공연씩 지렛대를 놓고, 벽을 허물고, 변화로 우리를 열 수 있는 곳이 있다.

결론

장애는 '용감한 투쟁'이나 '역경에 맞서는 용기'가 아니다. 장애는 예술이다. 독창적인 삶의 방식이다.

_닐 마커스(Neil Marcus)

그럼, 국제 장애 연극과 공연의 세계를 여행하며 함께한 우리의 시간을 여기서 마무리한다. 우리는 우리가 시작한 곳인 공공의 장소에서 끝을 맺었다. 시작할 때 언급한 공연〈한밤중에 개에게 일어난 의문의 사건〉에서는 캐스팅된 장애인 배우가 부재하기 때문에 장애가 하나의 스펙터클로 무대에 나온다. 반면, 뉴질랜드 공연에서는, 우리가 극장 안에 있는 것도 아니고 돈을 받고 일하는 것도 아니지만, 거리를 무대로 삼아, 장애인이 함께 즐기고 문화적으로 활발하게 활동할 수 있음을 보여준다. '연극'은 매우 넓은 텐트다. 연극은 이 모든 예술적이고 환상적인 놀이를 아우를 수 있고, 더 많은 우리에게 폭넓게 다가가며, '우리'가 얼마나 더 포용적일 수 있는지를 함께 생각해볼 수 있게 한다. 당신도 세상에서 멋지고 장대한 존재로서, 무대와 형식을 넘나드는 당신만의 여정을 계획해보길 바란다.

더 읽을거리

연극과 장애 분야는 초기에는 저널이나 선집에 실린 실무 예술가들의 대화, 때로는 이론가도 함께 나눈 대화나 짧은 기고문을 통해 발전했다. 이러한 특별호와 선집으로는, 내가 직접 엮은 『컨템포러리 시어터 리뷰』 특별호(2001), 파이Fahy와 킹King이 편집한 독립 선집(2002), 샌달과 오슬랜더의 선집(2005), 『텍스트와 퍼포먼스 계간지Text and Performance Quarterly』 (2008)에 실린 헨더슨Henderson과 오스트랜더Ostrander의 글 등 다양하다. 최근에는 커스티 존스턴이 편집한 모더니즘, 장애, 연극에 관한 선집(2016), 『라이드: 응용 연극 저널RIDE: Journal for Applied Theatre』 특별호(콜레트 콘로이, 이본 슈미트Yvonne

Schmidt, 마크 스웨츠Mark Swetz, 캐리 샌달이 각각 편집) 등이 있다.

이 주제에 대한 단일 저자의 연구는 극히 드물며, 이 책에서 논의한 존스턴과 같은 저자의 (캐나다 장애 연극에 대한) 업적이 여기 포함된다. 코하르-린드그렌(청각 장애인 연극 관련), 하그레이브(지적 장애인의 작품 관련), 그리고 공연, 라이브 아트, 공공 예술의 경계 공간과 더욱 구체적으로 관련된 브리해들리(2014)와 이 주제에 관한 내 논문 등이 있다.

제니 실리의 그레이아이 작품 선집(2002), 비키 루이스의 『피해자와 악당을 넘어서』, 브라이언 로벨의 암에 관한 공연 독백(2012), 케이트 오라일리의 『비정형 배우를 위한 비정형 연극Atypical Plays for Atypical Actors』(2016) 같은 연극 텍스트 컬렉션에서 풍부한 연구의 맥을 찾아볼 수 있다.

Adams, R. *Sideshow USA: Freaks and the American Cultural Imagination*. Chicago: University of Chicago Press, 2001.

Artaud, A. *Selected Writings*. New York: Farrar, Straus and Giroux, 1976.

Artaud, A. *Collected Works: Volume One*. London: Calder and Boyars, 1968.

Bakhtin, M. *Rabelais and His World*. Bloomington: Indiana University

연극 그리고 장애

Press, 1984.

Baldwin, S. *Pictures in the Air: The Story of the National Theatre of the Deaf.* Washington: Gallaudet University Press, 1994.

Bauman, D., H. Rose and J. Nelson, eds. *Signing the Body Poetic: Essays on American Sign Language Literature.* Berkeley: University of California Press, 2006.

Bogdan, R. *Freak Show: Presenting Human Oddities for Amusement and Profit.* Chicago: University of Chicago Press, 1988.

Brecht, B. 'On Chinese Acting'. Trans. E. Bentley. *The Tulane Drama Review* 6.1 (1961): 130 – 36.

Chemers, M. *Staging Stigma: A Critical Examination of the American Freak Show.* New York: Palgrave Macmillan, 2008.

Conroy, C. 'Paralympic Cultures: Disability as Paradigm'. *Contemporary Theatre Review* 23.4 (2013): 519 – 31.

Conroy, C. 'Disability: Creative Tensions between Drama, Theatre and Disability Arts'. *Research in Drama Education: The Journal of Applied Theatre and Performance* 14 (2009): 1 – 14.

DASH (Disability Arts in Shropshire) in collaboration with the Live Art Development Agency. *M21: From the Medieval to the 21st Century.* London: Live Art Development Agency, 2012. Film.

de Certeau, M. *The Practice of Everyday Life.* Trans. S. Rendall. Berkeley: University of California Press, 1984.

Dolan, J. *Utopia in Performance: Finding Hope at the Theater.* Ann Arbor: University of Michigan Press, 2005.

Down, J. L. H. 'Observations on an Ethnic Classification of Idiots'.

London Hospital Reports 3 (1866): 259 – 62.

Fahy, T. and K. King, eds. *Peering behind the Curtain: Disability, Illness, and the Extraordinary Body in Contemporary Theater*. New York: Routledge, 2002.

Fox, A. M. and J. Lipkin. 'Res(Crip)ting Feminist Theater through Disability Theater: Selections from the DisAbility Project'. *NWSA Journal* 14.3 (2002): 77 – 98.

Galloway, T., D. Nudd and C. Sandahl. 'Actual Lives and the Ethic of Accommodation'. *Community Performance: A Reader*. Ed. P. Kuppers. New York: Routledge, 2007: 227 – 34.

Grehan, H. and P. Eckersall, eds. '*We're People Who Do Shows': Back to Back Theatre*. Aberystwyth: Performance Research Books, 2013.

Hadley, B. *Disability, Public Space Performance & Spectatorship: Unconscious Performers*. Basingstoke: Palgrave Macmillan, 2014.

Hargrave, M. *Theatres of Learning Disability: Good, Bad, or Plain Ugly*. Basingstoke: Palgrave Macmillan, 2015.

Harpin, A. and J. Foster, eds. *Performance, Madness and Psychiatry: Isolated Acts*. Basingstoke: Palgrave Macmillan, 2014.

Henderson, B. and N. Ostrander, eds. *Understanding Disability Studies and Performance Studies*. New York: Routledge, 2010.

Holmes, M. S. 'Performing Affliction: Physical Disabilities in Victorian Melodrama'. *Contemporary Theatre Review* 12.3 (2001): 5 – 24.

Jackson, S. *Social Works: Performing Art, Supporting Publics*. Abingdon: Routledge, 2011.

Jacobs, L. '"Curious Incident" and Autistic Actors on Broadway'. *The*

Clyde Fitch Report, 2015. www.clydefitchreport.com/2015/08/curious-incident-autism-actors-broadway/ [last accessed 19 February 2017].

Johnston, K. *Disability Theatre and Modern Drama: Recasting Modernism*. London: Bloomsbury, 2016.

Johnston, K. *Stage Turns: Canadian Disability Theatre*. Montreal: McGill-Queen's University Press, 2012.

Keidan, L. and C. J. Mitchell, eds. *Access All Areas: Live Art and Disability*. London: Live Art Development Agency, 2012.

Kochhar-Lindgren, K. *Hearing Difference: The Third Ear in Experimental, Deaf, and Multicultural Theatre*. Washington: Gallaudet University Press, 2006.

Kuppers, P. *Studying Disability Arts and Culture: An Introduction*. Basingstoke: Palgrave Macmillan, 2014.

Kuppers, P. *Disability Culture and Community Performance: Find a Strange and Twisted Shape*. Basingstoke: Palgrave Macmillan, 2011.

Kuppers, P. *Community Performance: An Introduction*. London: Routledge, 2007.

Kuppers, P. *The Scar of Visibility: Medical Performances and Contemporary Art*. Minneapolis: University of Minnesota Press, 2007.

Kuppers, P. *Disability and Contemporary Performance: Bodies on Edge*. New York: Routledge, 2003.

Kuppers, P. 'Introduction'. *Contemporary Theatre Review* 11.3–4 (2001): 1–4.

Lewis, V. *Beyond Victim and Villains: Contemporary Plays by Disabled*

Playwrights. New York: Theatre Communications Group, 2006.

Lewis, V. 'The Dramaturgy of Disability'. *Points of Contact: Disability, Art, and Culture*. Eds. S. Crutchfield and M. Epstein. Ann Arbor: University of Michigan Press, 2000: 93 – 108.

Lipkin, J. and A. M. Fox. 'The Disability Project: Toward an Aesthetic of Access'. *Contemporary Theater Review* 11.3 – 4 (2001): 119 – 36.

Lobel, B. *BALL* & *Other Funny Stories about Cancer*. London: Oberon, 2012.

McCaffrey, T. *Incapacity and Theatricality: Politics and Aesthetics in Theatre Involving Actors with Intellectual Disabilities*. Canterbury: University of Canterbury, 2015. PhD thesis.

Milbern, S. "My Body Is Not a Liability" – Interview with Leah Lakshmi Piepzna-Samarasinha'. *Sins Invalid*, 2011. http://sinsinvalid. org/blog/%E2%80%9Cmy-body-is-not-a-liability%E2%80%9D-%E2%80%93-interview-with-leah-lakshmi-piepzna-samarasinha [last accessed 19 February 2017].

Mitchell, D. T. and S. L. Snyder. *Narrative Prosthesis: Disability and the Dependencies of Discourse*. Ann Arbor: University of Michigan Press, 2000.

Nakamura, K. *A Disability of the Soul: An Ethnography of Schizophrenia and Mental Illness in Contemporary Japan*. Ithaca: Cornell University Press, 2014.

O'Reilly, K. *Atypical Plays for Atypical Actors*. London: Oberon, 2016.

Phillips, J. 'The Earthquake in Chile – in Christchurch'. *REAL New Zealand Festival Insider*, 2011. http://realnzfestival.wordpress.

com/2011/10/15/the-earthquake-in-chile-in-christchurch/ [last accessed 19 February 2017].

Sandahl, C. 'The Tyranny of Neutral: Disability & Actor Training'. *Bodies in Commotion: Disability and Performance*. Eds. C. Sandahl and P. Auslander. Ann Arbor: University of Michigan Press, 2005: 255 – 68.

Sandahl, C. 'Black Man, Blind Man: Disability Identity Politics and Performance'. *Theatre Journal* 56.4 (2004): 579 – 602.

Sandahl, C. 'Queering the Crip or Cripping the Queer? Intersections of Queer and Crip Identities in Solo Autobiographical Performance'. *Gay and Lesbian Quarterly* 9.1 – 2 (2003): 25 – 56.

Sandahl, C. and P. Auslander, eds. *Bodies in Commotion: Disability and Performance*. Ann Arbor: University of Michigan Press, 2005.

Sealey, J. Keynote speech presented at the Shifting Aesthetics Conference, November 23, in London. 2002.

Sealey, J., ed. *Graeae Plays 1: New Plays Redefining Disability*. London: Aurora Metro Publications Ltd, 2002.

Sealey, J. and C. H. Lynch. 'Graeae: An Aesthetic of Access: (de) Cluttering the Clutter'. *Identity, Performance and Technology: Practices of Empowerment, Embodiment and Technicity*. Eds. S. Broadhurst and J. Machon. London: Palgrave Macmillan, 2012: 60 – 73.

Thomson, R. G. *Extraordinary Bodies: Figuring Physical Disability in American Culture and Literature*. New York: Columbia University Press, 1997.

Thomson, R. G. *Freakery: Cultural Spectacles of the Extraordinary Body*. New York: New York Press, 1996.

Tolan, K. 'We Are Not a Metaphor: A Conversation about Representation Introduced and Moderated by Kathleen Tolan'. New York: Theatre Communications Group, 2001.

Tomlinson, R. *Disability, Theatre and Education*. London: Souvenir Press, 1982.

Umathum, S. and B. Wihstutz, eds. *Disabled Theatre*. Zurich: Diaphenes, 2015.

Volk, G. 'Art on the Tracks at dOCUMENTA'. *Art in America*, 2012. www.artinamericamagazine.com/news-features/news/documentahauptbahnhof/ [last accessed 19 February 2017].

감사의 글

2장의 〈아르토 동굴〉 부분은 연극 전문 학술지 『드라마 리뷰*TDR: The Drama Review*』(58.2 [2014]: 33-50)에 게재한 논문 「아웃사이더 역사, 인사이더 예술가, 교차 문화 앙상블: 현대 예술 환경에서 장애의 존재와 만남Outsider Histories, Insider Artists, Cross-cultural Ensembles: Visiting with Disability Presences in Contemporary Art Environments」에서 다룬 내용의 일부이다.

2장에 실린 짧은 섹션들의 내용은 『캐나다 연극 리뷰*Canadian Theatre Review*』, 『장애 연구 계간지*Disability Studies Quarterly*』, 『문학과 문화 장애 연구 저널*Journal for Literary and Cultural Disability Studies*』에 게재된 더 긴 서평에서 발췌했다.

내 연구 조교인 캐서린 페어필드, 그리고 올림피아스 공연 리서치 이벤트의 모든 공동 제작자와 참가자에게 감사의 말을 전한다.

역자 후기

평소 장애와 연극에 관심이 있어 첫 연구로 〈한밤중에 개에게 일어난 의문의 사건〉을 분석했다. 연구를 진행할수록 장애 연극 분야에 대한 나의 이해가 부족하다는 사실을 절감할수밖에 없었고, 또한 이 분야에 대해 더 깊이 있게 연구할 필요가 있다고 생각하게 되었다. 그러던 중 페트라 쿠퍼스 교수의 『연극 그리고 장애』를 만나게 된 것은 연구자로서 큰 행운이었다.

『연극 그리고 장애』는 단순한 번역 대상이 아니다. 이 책은 장애와 연극을 탐구하는 나에게 중요한 길잡이로 자리매김하였고, 앞으로 무엇을 더 연구해야 할지 방향을 설정하는 데 큰 도움이 되었다.

이 책을 번역하는 과정에서 장애에 대한 정의와 범주를 더 넓고 깊게 사고할 수 있게 되었으며, 장애를 어떤 관점에서 이해하고 다가가야 하는지에 대해 숙고할 기회를 얻었다. 특히, 장애와 연극이 만나는 지점에서 이루어지는 다양한 논의가 단순한 학문적 관심을 넘어 사회적 실천과 연결될 수 있음을 다시금 깨달았다. 장애 연극이 단순한 재현을 넘어 공연 예술의 형식과 내용을 어떻게 변화시키는지, 그리고 어떻게 연극의 접근성과 수용자 경험을 확장하는 방식으로 작동하는지를 고민하는 계기도 되었다. 또한 개인적·사회적 인식과 실천, 그리고 이를 뒷받침하는 제도적 장치와 지원이 함께할 때, 우리가 살아가는 사회 속에서 서로에 대한 존중을 이끌어낼 수 있다는 사실을 깊이 생각할 수 있었다.

이처럼 뜻깊은 작업을 할 수 있도록 도와주신 많은 분께 감사드린다. 먼저, 본 번역의 진행을 위해 출판사와 적극적으로 협의를 진행해주신 조성관 교수님께 깊은 감사를 드린다. 또한, 아낌없는 지원과 격려를 해주신 현대영미드라마학회의 전연희 전 회장님, 최성희 전 회장님과 박정만 현 회장님께도 감사드린다. 세심하게 출판 과정에 도움을 주신 교유서가 신정민 대표님과 편집자 여러분, 연극의 실제적 현장에서 중요한 조언을 들려주신 극단 Theater 2순간 전병성 대표님께 감사를 전한다.

마지막으로, 존경하고 사랑하는 아버지, 어머니, 그리고 격려해주시고 배려해주신 장인어른과 장모님께 깊이 감사드린다. 언제나 관심과 응원을 아끼지 않는 이유정 박사와 황선은, 황선유에게도 고마운 마음을 전한다.

본 번역서가 장애와 연극에 대한 더 많은 논의를 촉진하고, 독자들에게 새로운 시각을 제공하는 계기가 되기를 바란다.

2025년 3월

황승현

연극 그리고 장애

초판 1쇄 인쇄 2025년 3월 17일
초판 1쇄 발행 2025년 3월 27일

지은이 페트라 쿠퍼스 | 옮긴이 황승현

편집 이고호 정소리 이원주 | 디자인 윤종윤 이주영 | 마케팅 김선진 김다정
브랜딩 함유지 박민재 김희숙 이송이 박다솔 조다현 배진성 김하연 이준희
저작권 박지영 형소진 오서영 조경은
제작 강신은 김동욱 이순호 | 제작처 천광인쇄사

펴낸곳 (주)교유당 | 펴낸이 신정민
출판등록 2019년 5월 24일 제406-2019-000052호

주소 10881 경기도 파주시 회동길 210
문의전화 031.955.8891(마케팅) | 031.955.2680(편집) | 031.955.8855(팩스)
전자우편 gyoyudang@munhak.com

www.gyoyudang.com
인스타그램 @gyoyu_books | 트위터 @gyoyu_books | 페이스북 @gyoyubooks

ISBN 979-11-94523-27-7 93680